나의 첫 인공지능 입문서
AI 판타시티

박다솜·김상수·ChatGPT 글 × 이난 그림

상상의집

추천사

인공지능을
인공지능답게 쓴
동화이자 안내서

컴퓨터 과학을 수십 년 업으로 삼고 컴퓨터 교육에 몸을 담은 지 20년이 넘었지만, '인공지능이 무엇인가요?'라는 질문을 받으며 가장 난감한 순간이 이 물음을 던진 질문자가 어린아이일 때입니다. 시대나 학자에 따라 인공지능의 정의는 다양할뿐더러 코드, 수식 하나 없이 인공지능이 무엇인지 설명하기란 여간 어려운 일이 아닙니다. 심지어는 정보 분야 전문가들을 모아 인공지능 교과서를 쓸 때조차 인공지능에 대한 정의를 어떻게 제시할 것인지에 대해 오랫동안 토의를 거칠 때도 있습니다.

그런데 어린이를 인공지능의 세계로 이끄는 동화라니, 이 책은 그 어려운 일을 해낸 책이라고 할 수 있습니다. 특히, ChatGPT 와의 대화를 통해 책을 써 내려갔다는 점은 모두의 이목을 사로잡을 만합니다. 더욱 주목할 점은 이 책은 사람이 질문을 던지고

ChatGPT의 응답을 그대로 실은 책이 아니라는 점입니다. 던진 질문에 대한 ChatGPT의 응답에 다시 꼬리에 꼬리를 무는 질문을 던지고, ChatGPT가 더 좋은 글을 쓸 수 있도록 함께 협업한 결과물입니다. 인공지능을 잘 이용하기 위해서는 인공지능의 결과물을 비판적으로 성찰하고 받아들이는 상호 작용이 중요한데, 그러한 점에서 이 책은 인공지능을 인공지능답게 활용한 것입니다.

이 책은 우리 모두를 위한 책일 것입니다. 어린이에게는 인공지능을 배우며 다양한 인공지능과 관련하여 벌어지는 일련의 흥미진진한 이야기가 가득한 재미있는 동화로, 어른에게는 가장 쉽게 인공지능의 개념과 원리에 대해 이해할 수 있는 안내서가 될 것입니다. 우리가 자연스레 컴퓨터와 스마트폰을 이용하듯이, 이 책을 읽는 아이는 머지않은 미래에 자연스레 인공지능을 이용하게 될 것입니다. 그러한 미래를 먼저 살짝 들여다보고 싶은 어린이와 어른 모두에게 AI 판타시티로의 여행을 추천드립니다.

성균관대학교 인문사회과학캠퍼스 부총장 **김재현**

작가의 말

기계는 생각할 수 있을까?

여러분은 오늘 어떤 생각을 가장 많이 했나요? 이 질문에 답하기 위해서 여러분은 틀림없이 머릿속으로 오늘 하루를 돌아보는 또 다른 생각을 했을 겁니다. 무엇을 먹을지, 어디에 갈지 결정하거나 오늘 하루 동안 무얼 했는지 돌이켜볼 때도 우리는 생각합니다. 우리는 이렇게 매일 끊임없이 생각하며 살아가지만, '생각'이 무엇인지 누군가에게 설명하는 것은 참 어려운 일입니다.

그런데 제대로 된 컴퓨터도 갖추어지지 않았던 1950년대에 '사람처럼 생각하는 기계'를 고안했던 사람이 있습니다. 바로 영국의 천재 수학자 앨런 튜링이지요. 튜링은 생각하는 기계를 수학적인 이론으로 제시하였고, 주변 사람들은 생각하는 기계의 실체가 없고 이론만 있으니 이를 상상하기 어려워했습니다. 튜링이 살던 시대에는 생각하는 기계를 구현할 만큼 컴퓨터과학이 발달하지 못했고, 결국 튜링은 생각하는 기계를 눈으로 보지 못하고 세상을 떠나게 되었지요.

그로부터 시간이 한참 지난 지금, 이 글을 읽고 여러분은 자연스레 '인공지능'을 마음속에 떠올리고 있을 겁니다. 우리가 아는 인공지능이 바로 사람의 학습, 추론, 지각 능력을 구현하는 분야, 즉 생각하는 기계를 만드는 분야이기 때문이지요. 튜링이 상상했던 인공지능을 우리가 일상생활 속에서 만날 수 있고 편리하게 이용할 수 있는 이유는 바로 네트워크, 데이터, 하드웨어 등 컴퓨터과학의 다양한 분야가 함께 발전했기 때문입니다. 그리고 인터넷이라는 네트워크를 통해 수집된 대량의 데이터로부터 거대한 컴퓨터 하드웨어의 계산을 통해 학습된 생성형 인공지능이 바로 ChatGPT이지요.

ChatGPT는 누군가에게 학습 도우미로 이용이 되기도 하고, 온갖 지식의 검색 창구가 되기도 하고, 심지어는 고민 상담소가 되기도 합니다. ChatGPT는 지치지 않고 대화를 이어 나갈 수 있는 좋은 친구입니다. 이 책은 ChatGPT와의 대화를 바탕으로 쓰인 동화책이자, 여러분을 인공지능의 세계로 첫걸음마를 떼게 도와주는 안내서이기도 합니다. 이 책을 읽고 여러분이 '인공지능은 생각할 수 있을까?'라는 질문에 직접 답해줄 수 있기를 기대합니다.

작가 **박다솜, 김상수**

'판타시티'를 찾아라!

"누가 화단을 이렇게 망가뜨렸어!"

교장 선생님이 씩씩거리며 외쳤어요. 나무 울타리들은 누군가 밟은 것처럼 부서져 있었어요. 울타리 안에는 갖가지 꽃과 식물들이 짓밟혀 있었어요. 울타리 밖으로는 흙 묻은 발자국이 선명하게 남아있었죠.

"이게 다 지후 너 때문이잖아!"

"너도 울타리 안에 뭐가 있는지 궁금하다고 했잖아. 저렇게 꽃이 있을 줄 누가 알았겠어."

수지와 지후는 담벼락 뒤에 숨어 티격태격 싸웠어요. 그 사이, 등 뒤로 커다랗고 검은 그림자가 나타나 수지와 지후의 어깨를 턱 하고 잡았어요.

"꺄악!"

"자, 나랑 같이 가야겠다."

수지와 지후는 학교 보안관 선생님의 손에 이끌려 교장실로 갔어요. 둘은 교장실에서도 서로서로 탓하며 궁시렁댔어요.

"또 너희들이구나."

교장 선생님이 한숨을 쉬었어요.

"급식실에서 몰래 가서 음식 가져오기, 점심시간에 방송실에서 몰래 노래 틀기, 학교 동상 위에 올라타기… 이번에는 화단 망가뜨리기!"

교장 선생님이 손가락을 하나하나 접으며 이야기하자 수지와 지후는 고개를 푹 숙였어요.

"너희 대체 왜 자꾸 말썽을 피우는 거냐?"

"새로운 걸 해 보면 재미있잖아요."

교장 선생님이 고개를 들어 수지와 지후를 보자 둘은 다시 고개를 땅으로 숙였어요.

"너희는 교실 앞에 서서 생각하는 시간을 가지거라. 더이상 말썽 피웠다간 더 큰 벌이 있을 거야!"

교장 선생님이 한숨을 쉬며 말했어요. 그때, 전화가 왔어요.

"아, 그때 말씀하신 기계 말이지요?"

교장 선생님은 수지와 지후를 흘깃 보더니 무서운 표정으로 말했어요.

"자, 얼른 교실 앞으로 가거라."

그러고는 교장실 안으로 종종거리며 들어갔어요.

"제가 그걸 구하느라 얼마나 고생을 했는데요. '판타시티' 말이죠. 제가 아무도 찾지 못할 곳에 잘 숨겨 두었습니다. 그 기계만 있으면 모든 게 바뀌게 될 거예요."

지후는 문을 나가는 척하면서 귀를 쫑긋 세웠어요. 수지가 잡아끌었지만, 역부족이었어요.

"매일 혼나는 것도 지겨워. 이제 그만 하자."

"딱 하나만 더 하자. 응? 금방 교장 선생님이 말했잖아, 아무도 찾지 못할 곳에 기계를 숨겨놨다고!"

"싫어, 나는 안 할 거야. 너 혼자 해."

"수지야, 이건 진짜 모험의 끝판왕이야! 그 기계만 있으면 모든 게 바뀐다잖아."

수지는 눈을 질끈 감고 한숨을 푹 내쉬었어요.

"그래, 이번만이야. 이번 한 번만!"

지후는 고개를 끄덕였어요. 둘은 굳은 얼굴로 손을 맞잡고 세차게 흔들었지요.

차례

추천사 __ 2
작가의 말 __ 4
'판타시티'를 찾아라! __ 6

1 인공지능을 만나다

신비한 기계를 찾아서 ___ 13
인공지능 여행 in 판타시티 ___ 25
사람을 닮은 인공지능 기술 ___ 44
강아지 구조 작전 ___ 54

2 보고 이해하는 인공지능

챗봇과 대화 나누기 ___ 65
챗봇의 비밀, 텍스트 트랜스포머 ___ 76
인공지능의 눈, 컴퓨터 비전 ___ 87

3 내일의 인공지능

예술의 세계 ___ 99
로보틱스 ___ 105
의료, 신약 개발 ___ 113
인공지능 윤리 ___ 123

진짜 모험의 시작 __ 135
용어 찾기 __ 140

인공지능을
만나다

신비한 기계를 찾아서

"이제 그 기계가 어디 있을지 생각해 보자. 아무도 찾지 못할 곳에 있다고 했지?"

"교장 선생님은 소중한 꽃을 울타리 속에 숨겨 뒀잖아. 그러니까, 이 기계도 어딘가에 숨겨 두었을 거야."

지후가 머리를 굴리며 말했어요. 그러자 수지가 작은 소리로 속삭였어요.

"기계라…… 기계가 많이 모여 있는 곳……. 어쩌면 컴퓨터실에 있을 지도 몰라."

지후와 수지는 열심히 토론을 하며 복도 끝까지 걸어갔어요. 복도 끝에는 컴퓨터실이 있었어요.

"우리 한번 들어가 보자!"

컴퓨터실에는 점심시간을 활용해 컴퓨터실을 이용하는 친구들이 많았어요. 아이들을 지나쳐 여기저기를 둘러보던 지후가 갑자기 수지를 불렀어요.

"여기 창고가 있어. 내 직감에 따르면, 분명 기계는 여기에 있어!"

지후는 주저 없이 그 방을 열었어요. 방 안에는 먼지가 쌓인 선반, 낡은 모니터들, 그리고 알 수 없는 기기들이 가득 차 있었어요.

"이게 대체 뭐지?"

그때 지후가 먼지가 가득 쌓여 있는 기계들을 손으로 훑었어요. 손바닥으로 먼지를 슥 닦자 이상한 모양의 버튼이 보였어요. 지후는 얼결에 버튼을 꾹 눌러버렸어요. 갑자기 눈부신 빛이 쏟아지더니, 수지와 지후는 알 수 없는 공간으로 이동했어요. 어리둥절한 지후와 수지 앞에 홀로그램이 떠올랐어요.

"안녕하세요. 판타시티에 오신 것을 환영합니다. 저는 인공지능 전문가 마리엘입니다. 저를 불러 주셔서 감사합니다. 궁금한 건 뭐든지 물어보세요."

지후와 수지가 눈을 커다랗게 뜨고는 마리엘을 바라보았어요.

"이게 뭐람."

"뭐라도 말을 걸어 보자."

수지가 침착하게 말했어요.

"안녕하세요? 저는 수지라고 해요. 인공지능이 뭔지 알려주실 수 있나요?"

마리엘은 활짝 웃었어요.

"그럼요! **인공지능(AI)**은 컴퓨터가 사람처럼 생각하고 행동할 수 있게 하는 기술이에요. 인공지능을 만드는 데 중요한 역할을 한 사람들은 앨런 튜링, 존 매카시, 마빈 리 민스키가 있어요. 이분들이 인공지능 연구의 기초를 마련했답니다."

지후도 용기를 내어 마리엘에게 말했어요.

"인공지능은 어떻게 발전해왔나요?"

"인공지능은 컴퓨터가 사람처럼 생각하고 학습하게 만들려는 노력에서 시작됐어요. 처음에는 컴퓨터가 간단한 규칙을 따르게 했어요. 그런데 시간이 지나면서, 컴퓨터는 사람의 뇌처럼 생각하게 만드는 '**인공 신경**'이라는 방법을 배웠어요. 이건 우리 뇌 속에 있는 **뉴런**들이 서로 어떻게 연결되어 동작하는지를 본떠 만든 거예요.

그리고 나서 '**기계 학습(ML)**'이라는 방법이 등장했는데, 이는 컴퓨터가 **데이터**를 보고 스스로 패턴을 찾아내는 방법이에요. 개와 고양이의 사진을 많이 보여 주면, 컴퓨터는 이 사진들에서 개와 고양이의 차이를 스스로 알아낼 수 있게 돼요.

그리고 '**딥러닝**'이라는 방법은 기계 학습을 더욱 발전시켜, 컴퓨터가 더 복잡한 패턴을 찾을 수 있게 해줘요. 이렇게 하면 컴퓨터는 개와 고양이를 구분하는 것뿐만 아니라, 고양이가 웃는 얼굴인지

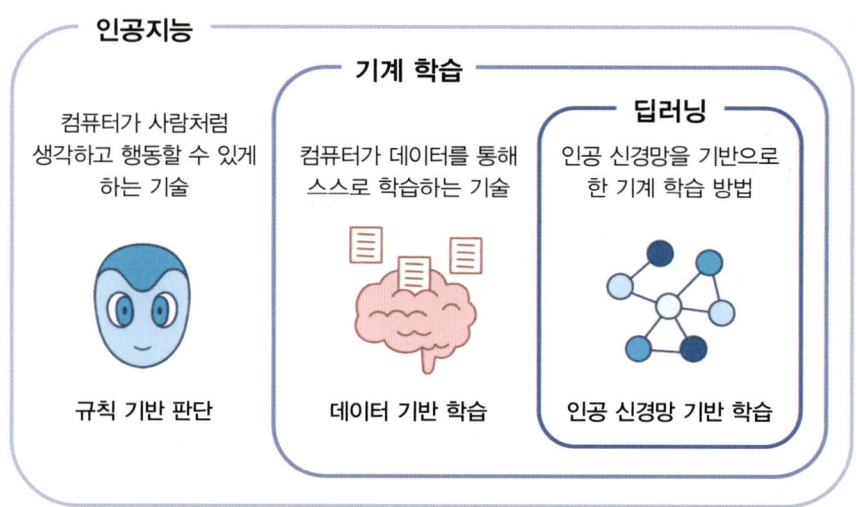

슬픈 얼굴인지까지 알아낼 수 있게 돼요."

마리엘은 딥러닝이 기존의 기계 학습 방식보다 더 복잡하고 정교한 문제를 잘 해결할 수 있다고 덧붙였어요.

"컴퓨터가 사람처럼 판단할 수 있게 되다니, 정말 멋져요! 일상생활에 인공지능은 어디에 쓰이나요?"

수지는 이 설명을 듣고 눈이 반짝였어요.

"인공지능은 생각보다 많은 곳에서 사용되고 있어요. 가장 쉽게 떠올릴 수 있는 건 스마트폰에 있는 음성 인식 서비스인 '시리'나 '빅스비' 같은 것들이에요. '오늘 날씨 어때?'라고 물으면, 인공지능은 인터넷에서 날씨 정보를 찾아와 대답해 주죠."

| 사람의 음성 | 음성 데이터 입력 | 핵심 정보 추출 | 행동 |

오늘 날씨 어때?	오늘 날씨 어때?	오늘 날씨 어때?	"오늘의 날씨는 최저 15도, 최고 25도이며, 구름이 다소 낄 예정입니다."
오늘의 날씨는?	오늘의 날씨는	오늘의 날씨는	
오늘 날씨 정보 좀 알려 줘.	오늘 날씨 정보 좀 알려 줘	오늘 날씨 정보 좀 알려 줘	

"맞아요, 가끔 엉뚱한 대답을 하기도 하지만 말이에요."

지후가 킥킥 웃으며 말했어요.

"또, 인공지능은 온라인 쇼핑을 할 때도 도움을 줘요. 특정 상품을 검색하면, 우리가 원하는 상품을 찾아주거나 비슷한 상품을 추천해 주기도 해요. 더 나아가서 인공지능은 의료 분야에서도 중요한 역할을 해요. 병원에서는 인공지능을 사용해서 환자의 질병을 더 정확하게 진단하거나, 새로운 약물을 개발하는 데도 쓰이죠. 이렇게 인공지능은 일상생활의 많은 부분에 도움을 주고 있답니다."

"마리엘, 인공지능이 이렇게 다양한 분야에서 사용되고 있다니 정말 놀라워요! 그럼 앞으로 인공지능이 어떻게 발전할까요?"

마리엘은 잠시 고민한 후 말을 이었어요.

"앞으로 인공지능은 더 똑똑하게 학습하는 방법과 함께, 더 많은 정보를 배울 거예요. 문제를 해결하기 위해 정해진 절차를 '알고리즘'이라고 하는데, 이 규칙에 따라 인공지능이 배우는 데이터, 즉 컴퓨터가 처리할 수 있는 문자, 숫자, 소리, 그림과 같은 정보가 더 많아질수록 인공지능은 더 정확하고 빠르게 일을 처리하게 돼요. 그러면 새로운 문제를 해결하는데도 큰 도움이 될 거예요."

"마리엘, 혹시 우리가 인공지능을 직접 체험해 볼 수 있을까요?"

마리엘은 미소를 지으며 지후와 수지에게 제안했어요.

"여러분은 이곳 판타시티에서 다양한 장소를 탐험하며 인공지능을 체험할 수 있어요. 각 장소에서는 인공지능과 함께 할 수 있는 흥미로운 활동들이 준비되어 있답니다."

"와, 그러면 어떻게 인공지능이 사람처럼 배우고 적응하는지도 체험한다는 거죠!"

수지의 목소리에서는 두근거림과 흥분이 느껴졌어요. 지후는 설레는 마음을 숨기지 못했어요.

"정말 대단하다! 어디부터 갈까요, 마리엘?"

마리엘은 홀로그램 화면을 살짝 터치하고는 디지털 지도를 펼쳤어요.

"우리는 디지털 도시의 다양한 장소를 방문해볼 거예요. 도서관,

교통 통제 센터, 병원, 식료품점, 제과점, 그리고 공원까지, 각각의 장소에서는 인공지능이 어떻게 활용되는지 직접 체험해 보세요."

수지는 너무 신나서 새어나오는 웃음을 참을 수가 없었어요. 지후는 흥을 참지 못하고 커다란 목소리로 외쳤어요.

"수지야, 진짜 모험이 시작됐어!"

인공지능 분야의 선구자

앨런 튜링

 컴퓨터 과학의 아버지로 불리며, 인공지능이 사람처럼 생각하는지 확인하는 '튜링 테스트'라는 방법을 고안했습니다. 제2 차 세계 대전 때 독일의 비밀 코드를 해독하는 데 도움을 준 천재이기도 해요. 그의 업적은 오늘날 컴퓨터와 인공지능 발전에 큰 기여를 했어요.

존 매카시

 컴퓨터 과학자로, 컴퓨터에게 사고하는 법을 가르쳤어요. 그는 인공지능이라는 말을 처음 만들었고, 컴퓨터가 문제를 스스로 해결하는 방법을 찾을 수 있도록 연구했답니다.

마빈 리 민스키

 인공지능 분야를 개척한 미국인 과학자예요. 컴퓨터가 사람처럼 생각하고 배울 수 있는 방법을 찾기 위해 노력했어요. 그는 인공지능 연구를 시작한 최초의 사람들 중 한 명이기도 하죠. 그의 업적 덕분에 오늘날 우리는 스마트폰과 같은 다양한 기기에서 인공지능을 즐길 수 있어요.

데이터

데이터는 무수히 많은 퍼즐 조각과 같습니다. 각각의 퍼즐 조각들은 그 자체로는 작은 정보를 가지고 있지만, 적절하게 조합하면 전체 그림을 보여주는 신비로운 능력이 있습니다.

데이터가 어떻게 우리의 이해를 돕는지 살펴볼까요?

1. 각 데이터는 정보를 포함하고 있습니다.
   날씨, 판매량, 웹사이트 방문자 수 등 다양한 현상을 알려주는 정보들이지요.
2. 이런 데이터들을 모으면, 큰 그림을 볼 수 있습니다.
3. 데이터를 분석하고 정리하면, 숨겨진 패턴이나 트렌드를 발견할 수 있습니다.
4. 또한, 데이터를 바탕으로 과학적이고 정확한 결정을 내릴 수 있습니다.

데이터는 모든 것의 기본 토대로, 세상을 이해하고, 어떤 일이 일어날지 예측하는 거울과 같은 역할을 합니다. 이 데이터들을 잘 활용하면, 더 나은 이해와 결정을 위한 가치 있는 정보를 얻을 수 있습니다.

기계 학습 =ML

컴퓨터나 로봇이 사람처럼 판단할 수 있게 가르치는 것을 기계 학습이라고 합니다. 기계 학습은 학습 문제의 형태에 따라 지도 학습, 비지도 학습, 강화 학습의 3가지로 분류됩니다.

기계 학습 중에서 지도 학습의 작동 원리를 살펴볼까요?

1. 컴퓨터는 사진 속 고양이와 개의 차이를 구별하는 방법과 같은 것에 대해 조금 알고 시작합니다.
2. 컴퓨터에게 많은 예시들을 보여 주고, 어떤 것이 고양이이고 어떤 것이 개인지 알려 줍니다.
3. 컴퓨터는 예시들을 살펴보며 고양이와 개를 구별하는 데 도움이 되는 패턴이나 단서를 찾으려고 합니다.
4. 컴퓨터가 더 많은 예시들을 볼수록 고양이와 개를 인식하는 데 능숙해지고, 실수를 줄일 수 있습니다.
5. 컴퓨터가 학습하고 연습할수록 고양이와 개의 다양한 종을 구별하는 방법들을 스스로 파악할 수 있습니다.

이를 통해 작업 수행, 문제 해결, 심지어 의사결정에서도 더 능숙해지게 됩니다. 그리고 사람처럼 계속 배우고 연습할수록 더 똑똑해집니다.

인공 신경망 =ANN

　사람의 뇌는 수많은 뉴런들이 복잡하게 연결되어 있어, 다양한 정보를 처리하고 판단을 내립니다. 컴퓨터 과학자들은 사람의 뇌 구조를 모방하여 '신경망' 방식의 인공지능을 개발했습니다.

인공 신경망의 작동 원리를 살펴볼까요?

1. 인공 뉴런들이 서로 정보를 주고받으며 복잡하게 연결됩니다.
2. 각 인공 뉴런은 입력 정보를 받아들이고, 계산하고, 출력을 만듭니다.
3. 출력은 다음 인공 뉴런으로 전달되어 더 복잡한 작업을 수행하게 됩니다.
4. 학습을 하며 목표값과 출력값 사이의 차이를 최소화하기 위해 가중치를 조절합니다.
5. 많은 학습 사례를 통해 최적의 가중치를 찾아내고, 새로운 문제를 해결하는 데 활용합니다.
6. 여러 개의 은닉층을 갖는 '딥러닝' 방식을 사용하면, 더 복잡한 문제를 빠르고 정확하게 해결할 수 있습니다.

　인공 신경망 방식을 사용하면 컴퓨터가 사람의 뇌처럼 문제를 해결하고 학습할 수 있습니다. 패턴 인식, 자율 주행, 의료 진단, 번역, 추천 시스템 등 인공지능의 다양한 분야에서 활용되고 있습니다.

인공지능 여행 in 판타시티

마리엘이 수지와 지후를 돌아보며 말했어요.

"자, 준비되셨나요? 이제 '인공지능 여행'을 시작하겠습니다. 이 여행을 통해 인공지능 에이전트가 어떻게 우리의 생활에 편리함을 더하는지 알아볼 거예요. 우리는 도서관, 교통 통제 센터, 병원, 쇼핑몰, 빵집, 공원 등을 경유하며 이를 체험해 볼 예정이에요."

수지와 지후는 서로 반짝이는 눈빛으로 바라보았어요. 마치 모험을 앞두고 있는 탐험가들처럼 말이에요.

"마리엘, 준비됐어요!"

그들의 첫 번째 목적지는 도서관이었어요. 여기에서 그들은 **인공지능 에이전트**가 어떻게 독자에게 책을 추천하는지 알아보았어요. 마리엘은 두 친구에게 인공지능 책 추천 시스템을 직접 체험하도록 권했어요.

"와, 이 시스템이 나에게 정말 흥미로운 과학책들을 추천해 줬어

요! 수지는 어때?"

"말도 안 돼. 내가 찾고 있던 작가의 새로운 판타지 책을 바로 추천해 줬어!"

수지는 만족스러운 미소를 띠며 말했어요.

"마리엘, 그런데 이 인공지능은 어떻게 우리가 좋아할 만한 책을 추천해 주는 거예요?"

지후는 호기심 가득히 물었어요.

"인공지능 에이전트가 우리가 과거에 읽었던 책들, 좋아했던 책들, 그리고 우리가 좋아하는 장르 등을 분석하기 때문이에요."

마리엘이 친절하게 설명해 주었어요.

"그럼 그 정보를 어떻게 쓰는 건가요?"

수지의 목소리는 호기심으로 가득 차 있었어요.

"인공지능 에이전트는 그 정보를 이해하고 분석해서 책들의 주제나 작가의 스타일 등을 파악해요. 그렇게 독자가 좋아할 만한 책을 찾아내는 거죠."

마리엘이 답했어요.

"그러니까 인공지능 에이전트는 우리가 얼마나 만족하는지 피드백을 받아서 계속해서 배우는 거군요?"

지후는 눈을 반짝반짝 빛내며 말했어요.

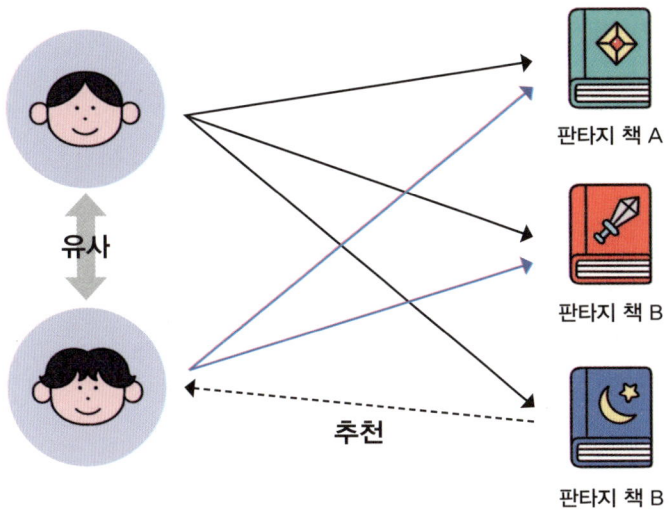

"만약 인공지능 에이전트가 내가 웃기는 책을 좋아한다고 생각하면, 나를 개그맨이라고 생각할 수도 있겠네요, 그렇죠?"

마리엘이 웃으며 대답했어요.

"그럴 수도 있겠네요. 하지만 더 정확하게는 인공지능 에이전트가 지후가 무슨 책을 읽었는지 아는 거죠."

지후와 수지는 인공지능 에이전트가 추천해 준 책을 즐겁게 읽었어요. 그런 다음, 도서관에서 나와 새로운 목적지인 교통 통제 센터로 향했어요.

"이제 인공지능 에이전트가 어떻게 도시의 교통을 관리하는지 알아볼 거예요."

마리엘이 친절하게 안내했어요.

"차량들이 어디로 가고 있는지 보이네요. 거미줄 같아요!"

지후가 거대한 전광판을 보고 깜짝 놀라며 말했어요. 그들이 지켜보는 동안, 교통 통제 센터의 인공지능 에이전트는 어떻게 복잡한 교통 문제를 해결하는지 보여 주었어요.

"와, 이 인공지능 에이전트는 어떻게 이런 복잡한 교통 문제를 간단하게 해결하는 거예요?"

지후가 놀라며 물었어요.

"인공지능 에이전트는 차량들의 위성 위치 확인 시스템(GPS) 정보, 도로에 설치된 센서와 카메라 등을 사용해 현재의 교통 상황을 파악해요. 그리고 그 정보를 분석해 가장 적당한 경로를 찾아내고, 교통 신호를 조절하는 거죠."

마리엘이 친절하게 설명했어요.

"인공지능 에이전트는 미래의 교통 상황도 예측할 수 있나요?"

수지가 호기심 가득히 물었어요.

"그럼요. 인공지능 에이전트는 과거의 교통 데이터와 기계 학습 알고리즘을 사용해 교통 흐름을 예측하고, 이를 바탕으로 교통 관리를 하거든요."

지후는 장난스럽게 말했어요.

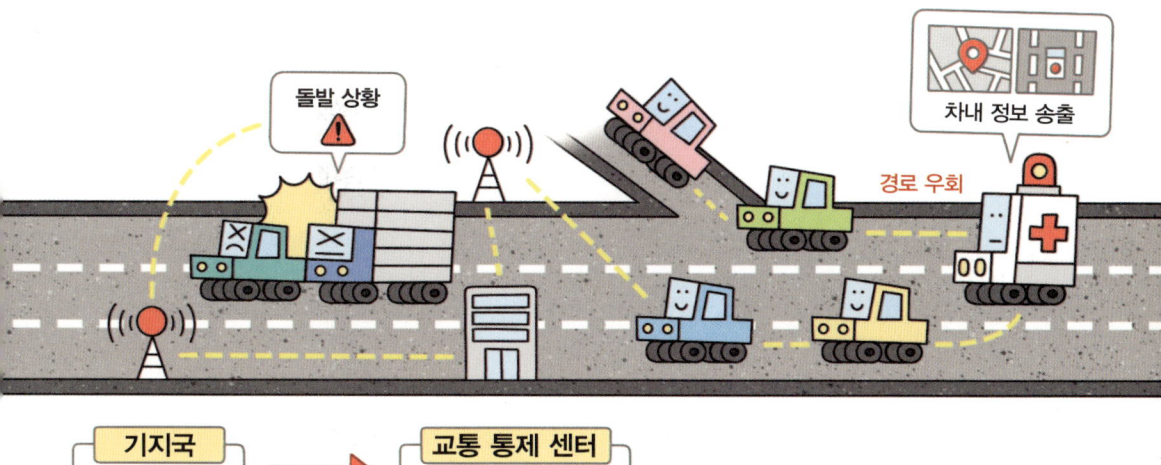

"그럼 인공지능 에이전트는 마법사처럼 우리를 빠르게 집으로 데려다줄 수 있겠네요!"

지후는 '쌩~' 하고 소리를 내며 빙그르르 돌았어요. 지후를 보고 모두가 크게 웃었어요.

"맞아요, 지후! 인공지능 에이전트는 마치 시간을 조종하는 마법사 같아요. 그런데 실제로는 시간을 조종하는 게 아니라, 우리가 사용하는 정보를 잘 분석하고 예측하는 거예요. 그래서 길이 막히더라도 우리를 빠르게 목적지로 데려다줄 수 있는 거죠."

이번엔 마리엘과 아이들이 병원을 찾았어요.

"인공지능 에이전트가 병원에서 어떤 역할을 하는지 함께 알아볼까요?"

마리엘의 말이 끝나기도 전에, 환자 한 명이 복도에 쓰러져 난리 통이 났어요. 환자는 숨을 크게 쉬며 괴로워하고 있었어요. 의사 선생님이 달려와 스마트폰에 있는 특별한 응급 진료 앱을 열었어요. 환자의 증상을 앱에 입력하자, 인공지능 에이전트가 환자의 호흡 상태를 보고 '천식 발작'이라고 판단했어요. 그리고는 의사 선생님에게 산소를 제공하고 특별한 약을 사용하라고 조언했어요. 의사 선생님이 그대로 따르자, 환자는 조금씩 안정을 찾기 시작했어요. 마리엘은 태블릿을 꺼내 몇 가지 사진을 보여 주었어요.

"이 사진들은 엑스레이(X-ray)나 엠알아이(MRI)라는 기계를 이용

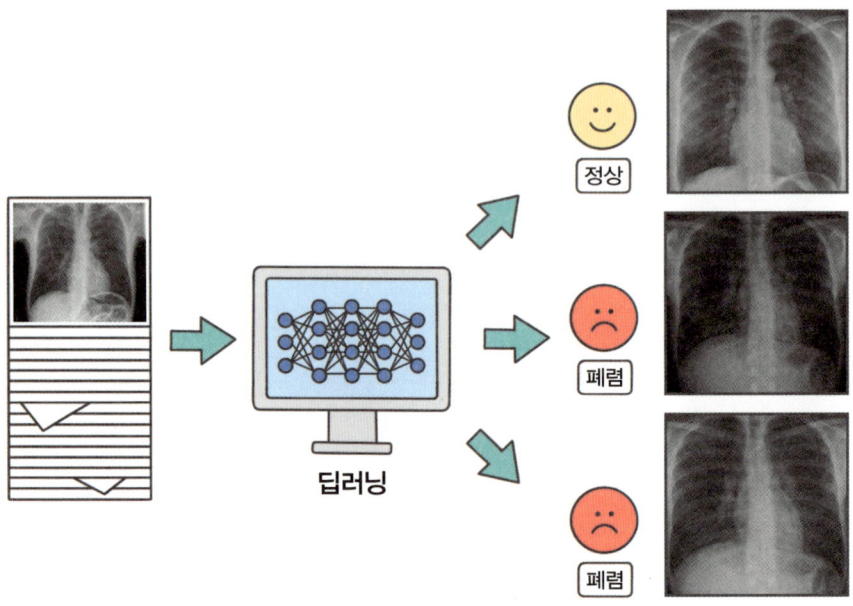

해 우리 몸속을 살펴본 거예요. 인공지능 에이전트는 이 사진들을 보고, 우리 몸에서 문제가 있는 부분을 찾아내요."

수지는 놀라움에 가득 찬 목소리로 물었어요.

"인공지능 에이전트가 우리 몸의 병을 찾아낼 수 있어요?"

마리엘은 미소지으며 고개를 끄덕였어요.

"인공지능 에이전트는 이미지를 분석하는 능력이 뛰어나서 병을 찾아내는 데 도움을 줘요. 때로는 의사 선생님보다 더 정확하게 병을 찾아내기도 해요. 그러나 우리가 잊어버리면 안 되는 건, 인공지능은 결국 의사 선생님이 더 좋은 결정을 내릴 수 있도록 돕는 도구라는 거예요."

아이들은 이야기를 들으며 놀라움을 감추지 못했어요.

"이런 신기한 기술이 실제로 사람들을 도와준다니!"

지후는 장난스럽게 말했어요.

"그럼 인공지능도 의사 선생님 가운을 입는 건가요?"

그러자 수지가 웃으면서 대답했어요.

"아니야, 지후야. 인공지능은 의사 선생님 가운이 필요 없을 만큼 똑똑해! 사실, 영상을 더 잘 해석할 수 있어."

그들 모두는 웃음을 터뜨리며 즐겁게 이야기를 나눴어요.

다음 목적지는 가까운 식료품점이었어요. 물건들을 골라서 계산대로 갔는데, 익숙한 계산대가 없었어요. 대신, 인공지능 체크아웃 시스템이 설치되어 있었어요.

지후가 마리엘에게 물었어요.

"마리엘, 여기서는 어떻게 계산해야 해요?"

마리엘은 웃으며 답했어요.

"지후, 여기는 인공지능 체크아웃 시스템을 사용해요. 이건 인공지능 에이전트가 상품을 인식해서 물건 값을 계산해 주는 시스템이에요."

그리고 아이들에게 어떻게 상품을 스캔하고 결제하는지 알려 줬어요.

"상품을 이 벨트 위에 올려놓으면, 인공지능 에이전트가 사진을 찍어서 각각의 상품을 정확하게 계산하지요."

마리엘의 설명에 아이들은 더 많은 정보를 빨리 받아들이려는 것처럼 기대하고 있었어요.

"인공지능 에이전트는 어떻게 상품을 알아볼 수 있어요?"

지후가 물었어요.

"그건 **컴퓨터 비전**(CV)'이라는 기술 덕분이에요. 이 기술은 인공지능 에이전트가 사물을 '보고' 인식하게 해주는 거죠. 인공지능 에이전트는 사물의 모양이나 색깔, 크기 등을 분석해서 어떤 상품인지 알아내는 거랍니다."

마리엘이 카메라를 가리키며 설명했어요.

"인공지능 에이전트가 사용하는 카메라는 사람의 눈과 같은 역할을 해요. 그리고 인공지능 에이전트의 '뇌'는 그 사진을 분석해서 상품을 알아내지요."

"그럼 인공지능도 자기만의 눈이 있는 거네요!"

수지가 놀랐고, 마리엘은 더 붙였어요.

"컴퓨터 비전을 통한 인공지능은 새로운 가능성을 발견하는 데 도움을 줄 수 있어요."

지후가 웃으며 말했어요.

"와, 이런 기술이 실제로 일상생활에서도 쓰이는구나!"

아이들은 인공지능 에이전트가 우리 생활에 얼마나 깊숙이 들어와 있는지를 깨닫게 되었어요.

그다음에, 아이들은 아기자기한 빵집을 발견했어요.

"이곳은 인공지능 에이전트를 활용해 빵 주문량을 예측하는 데 도움을 받았답니다."

마리엘이 아이들을 돌아보며 말했어요.

"지난해에 우리 도시에서 큰 축제가 있었어요. 축제에 참여한 사람들이 빵집으로 쏟아져 들어와서 주문량이 갑자기 많아졌어요.

빵집 사장님은 그토록 많은 빵을 어떻게 만들어내야 할지 고민했죠. 그런데, 인공지능 에이전트가 도와줘서 가장 적절한 빵 만들기 계획을 세울 수 있었어요."

마리엘은 인공지능 에이전트가 빵을 더 효율적으로 만들도록 도와주었다고 덧붙였어요.

"그럼, 인공지능도 단 것을 좋아하나요?"

지후가 장난스럽게 물었어요. 마리엘은 웃으며 대답했어요.

"인공지능 에이전트가 사람처럼 단 것을 좋아하는 건 아니지만, 달콤한 디저트를 골라내는 능력은 꽤 뛰어나요. 그래서 인공지능을 '디저트 감별사'라고 불러도 좋을 것 같아요!"

아이들은 해가 저물어 가는 동안, 공원에서 즐겁게 놀았어요. 그런데 갑자기 하늘에 구름이 몰려들고 비가 내리기 시작했어요. 공원에서 놀고 있던 사람들이 모두 우왕좌왕할 때, 공원의 인공지능 조명 시스템이 바로 작동했어요. 비가 점점 강해지자, 조명 시스템은 신속하게 날씨 변화와 공원의 상황을 분석했어요. 그리고 빛의 밝기와 색깔도 바꾸었어요. 비도 오고 주변이 어두워졌지만, 공원이 여전히 따뜻하고 편안했어요. 조명 덕분에 공원에서 놀던 사람들은 안전하게 놀 수 있었어요. 비를 피하는 사람들에게는 조금이나마 위안이 되었지요.

"인공지능 에이전트는 어떻게 조명의 밝기와 색깔을 바꾸나요?"

수지가 물었어요. 그러자 마리엘은 태블릿을 들어, 인공지능 에이전트가 조명과 날씨를 감지하는 센서에서 데이터를 얻고, 그 정보를 이용해 최적의 밝기와 색상을 결정하는 과정을 보여 줬어요.

"그럼 인공지능 에이전트가 조명 마법사가 되는 거네요?"

지후의 비유에 마리엘은 웃으며 대답했어요.

"그렇게 생각하니 재미있네요. 인공지능은 공원의 조명을 마법처럼 바꾸는 동시에 에너지도 아꼈어요. 이런 방식으로 인공지능은 우리 일상생활에서 많은 일을 도와주고 있어요."

수지와 지후는 눈을 반짝이며 말했어요.

"마리엘, 정말 재미있었어요!"

"집에서, 학교에서, 심지어는 공원에서까지 인공지능 에이전트가 우리를 도와주고 있었어요. 그런데, 이 모든 인공지능들은 어떻게 작동하는 걸까요? 다음에는 그 부분을 배울 수 있을까요?"

"물론이죠. 다음에는 다양한 인공지능 기술을 소개하고, 그 기술들이 어떻게 사람처럼 배우고 작동하는지 알아보는 시간을 가질 거예요. 기계 학습, 자연어 처리, 컴퓨터 비전과 같은 다양한 인공지능 기술을 함께 알아봐요."

수지와 지후는 앞으로 펼쳐질 모험에 잔뜩 신이 났어요.

인공지능 기반 도서 추천 시스템

　인공지능 기반 도서 추천 시스템은 독자가 좋아할 만한 책을 찾아주는 똑똑한 도우미로, 책의 보물 창고를 누비며 독자를 돕습니다.

이 똑똑한 도우미의 작동 원리를 살펴볼까요?
1. 독자가 읽은 책들과 그에 대한 생각을 듣고 기억합니다.
2. 수많은 책들에 대한 지식을 갖추고, 그 책들이 독특하고 흥미로운 이유를 파악합니다.
3. 독자의 취향과 다른 책들의 내용을 분석하여 최적의 책을 추천합니다.
4. 비슷한 책을 좋아하는 다른 사람들의 추천을 참고하여 독자가 좋아할 만한 책을 선정합니다.
5. 독자의 기분이나 상황에 맞게 다양한 종류의 책을 추천해 줍니다. 예를 들어, 기분이 좋지 않을 때는 웃긴 책을, 모험을 원할 때는 모험 소설을 추천합니다.
6. 독자의 읽은 책들에 대한 피드백을 통해 더 나은 책 추천을 제공하게 됩니다.

　인공지능 도서 추천 시스템은 즐거운 시간을 보낼 수 있는 새로운 책과 이야기를 발견하는 데 큰 도움이 됩니다.

인공지능 기반 교통 관리 시스템

　인공지능 기반 교통 관리 시스템은 차량들이 원활하고 빠르게 움직일 수 있도록 도와줍니다.

이 똑똑한 도우미의 작동 원리를 살펴볼까요?
1. 인공지능 교통 관리 시스템은 거리에서 일어나는 상황을 다양한 센서와 카메라를 통해 파악합니다.
2. 차량들의 이동 경로와 교통 혼잡을 예측하며 분석하고 학습합니다.
3. 실시간으로 교통 상황을 모니터링하고 이상 상황 발생 시 즉각적으로 인지합니다.
4. 신호등을 조절하여 차량들의 움직임을 원활하게 도와줍니다.
5. 차량들에게 다른 경로를 안내하여 동일한 길로 인한 혼잡을 방지합니다.
6. 사고나 문제 발생 시 빠르게 관계자들에게 알리고, 도로와 교통 시스템을 개선하여 도시의 교통 혼잡을 최소화합니다.

　인공지능 교통 관리 시스템은 모두에게 안전하고 신속하며 효율적인 교통 환경을 제공합니다.

인공지능 기반 체크아웃 시스템

　인공지능 기반 체크아웃 시스템은 고객이 구매하는 상품을 인식하고 비용을 계산해주며, 줄을 서 기다릴 필요 없이 결제를 도와줍니다.

이 똑똑한 도우미의 작동 원리를 살펴볼까요?
1. 상점 내의 모든 상품을 인식합니다.
2. 똑똑한 도우미는 고객이 카트나 바구니에 담은 상품들을 관찰하고 기억합니다.
3. 똑똑한 도우미는 고객이 선택한 모든 상품을 기록합니다. 특별 할인이나 제안이 있을 경우에도 총 비용을 계산해줍니다.
4. 쇼핑이 끝난 후에는 즉시 고객의 신용카드나 디지털 지갑으로 결제할 수 있습니다.
5. 상점을 나오면, 똑똑한 도우미는 구매한 상품과 총 비용에 대한 영수증을 고객의 이메일이나 앱으로 전송합니다.

　인공지능 기반 체크아웃 시스템은 쇼핑을 더 빠르고 즐겁게 만들어줍니다. 또한, 상점 주인들에게는 판매 상품과 재고 관리에 대한 정보를 제공하여 큰 도움이 됩니다. 이러한 시스템은 고객과 상점 주인들에게 편리함과 효율성을 제공하여 더 편안한 쇼핑 경험을 선사합니다.

인공지능 기반 진단 도구

　인공지능 기반 진단 도구는 의사가 환자의 건강 문제를 더 빠르고 정확하게 파악할 수 있도록 도와줍니다.

이 똑똑한 도우미의 작동 원리를 살펴볼까요?

1. 환자의 말, 진단 검사, 그리고 엑스레이 같은 이미지 등 환자에 관한 모든 정보를 분석합니다.
2. 이 정보를 바탕으로 의사가 환자의 문제를 이해하는 데 도움이 될 단서를 찾습니다.
3. 과거 다른 환자들의 사례를 학습하여 특정 질병을 나타낼 수 있는 패턴을 인식합니다.
4. 정보와 패턴을 종합해 환자의 문제를 의사에게 전달합니다. 이를 통해 의사는 환자의 질병을 더 정확하게 진단할 수 있습니다.
5. 의사의 도움과 다른 환자들로부터 배우면서 질병을 찾아내는 능력이 점차 향상됩니다.

　인공지능 기반 진단 도구는 의사가 이미 사용하고 있는 도구 및 시스템과 호환됩니다. 그래서 환자가 올바른 치료를 받고 빠르게 회복할 수 있도록 도와줄 수 있습니다.

인공지능 기반 조명 시스템

　인공지능 기반 조명 시스템은 빛을 제어해 방 안을 더 편안하고 즐겁게 만들어 줍니다.

이 똑똑한 도우미가 방 안에서 어떻게 작동하는지 살펴볼까요?

1. 인공지능 기반 조명 시스템은 방 안의 상황을 파악합니다.
2. 상황별로 가장 적합한 조명을 선택합니다. 잠자리에 들 때는 따뜻하고 아늑한 빛을, 공부할 때는 밝고 시원한 빛을 제공합니다.
3. 사용자의 습관과 취향을 학습하고, 사용자의 명령에 따라 색상이나 밝기를 조절할 수 있습니다.
4. 사용자와 상황에 맞춰 조명을 조절할 수 있어 에너지 절약에 도움이 됩니다.
5. 다른 스마트 기기와 함께 사용할 수 있습니다. 전화나 음성 비서 같은 기기와 연동하면 같은 방에 없어도 조명을 제어할 수 있습니다.

　인공지능 기반 조명 시스템은 집을 더 밝고, 다채롭고, 편안하게 만들어 주는 마법 같은 친구입니다. 에너지 절약과 일상의 편리함을 선사합니다.

사람을 닮은 인공지능 기술

판타시티에서 가장 중요한 디지털 연구실은 시내 중심에 있는 공원 바로 옆에 있었어요. 반짝반짝 빛나는 유리와 메탈로 만들어져 있었고, 홀로그램 모니터들이 빛나며 인공지능의 다양한 세계를 보여 주고 있었어요. 수지와 지후는 마치 과학자가 된 것 같았어요.

"우와, 정말 멋지다!"

수지가 놀란 표정으로 주변을 둘러봤어요.

"마리엘, 이 모든 걸 우리가 배울 수 있을까요?"

지후는 눈을 크게 뜨고 물었어요. 마리엘은 그의 질문에 미소 지으며 대답했어요.

"그래요, 이곳에서 모험을 마치면 인공지능이 어떻게 우리의 일상에 녹아들어 있는지 이해할 수 있을 거예요."

마리엘의 말에 수지와 지후는 눈이 빛났어요.

"그럼, 이쪽으로 오세요."

마리엘은 연구실 벽면에 가상 모험 보드를 비추었어요.

"지금부터 여러 인공지능 세계를 탐험할 거예요. 준비 됐나요?"

"예!"

수지와 지후가 활기차게 대답하며 모험 보드 앞으로 달려갔어요. 마리엘은 두 사람을 가상 영화관으로 안내했어요. 홀로그램 모니터에서는 다양한 영화와 TV 쇼가 보였어요.

"마리엘, 이 영화 정말 재밌어 보여요. 인공지능 에이전트는 내가 좋아할 만한 영화를 어떻게 알고 있는 걸까요?"

수지가 호기심 가득한 눈으로 물었어요.

"인공지능 에이전트는 수지가 이전에 본 영화들, 좋아한다고 표시한 것들을 모두 살펴보고 수지가 좋아할 만한 새 영화를 찾아내는 거예요."

마리엘이 친절하게 설명했어요. 그때, 지후가 주저하면서 물었어요.

"아무리 인공지능 에이전트라고 해도 어떻게 그렇게 많은 영화와 TV 쇼를 살펴볼 수 있나요?"

마리엘은 지후의 궁금증에 대답했어요.

"인공지능 에이전트는 기계 학습을 통해 학습해요. 그래서 엄청나게 많은 정보 속에서도 우리가 좋아할 만한 것들을 찾아내는 거예요."

"그럼, 인공지능 에이전트가 나의 개그 실력을 끌어올려 줄 수도 있을까요?"

지후의 얼굴에는 장난기와 호기심이 섞여 있었어요. 수지는 웃음을 터뜨렸어요.

"지후야, 그런 인공지능 에이전트가 있다면 이미 네가 한 모든 농담을 다 알고 있을 거야. 그럼 어떻게 새로운 농담을 만들 수 있겠어? 인공지능 에이전트가 너 대신 농담을 해 줄 텐데?"

지후는 수지를 향해 눈살을 찌푸렸어요.

마리엘은 미소를 띠며 대답했어요.

"아무래도 이 인공지능 에이전트로는 좀 어렵겠지만, 다른 종류의 인공지능은 재미있는 이야기나 농담을 만드는 데 도움을 줄 수 있어요. 인공지능은 기계가 스스로 배워서 해낼 수 있거든요."

지후가 눈을 반짝이며 듣자 수지가 고개를 절레절레 흔들었어요.

"지후, 이 요리책 좀 봐요."

마리엘이 즐거운 표정으로 지후에게 책을 건넸어요.

"이 요리 방법을 간단하게 설명해 줄래요?"

지후는 눈을 크게 뜨며 머리를 긁적였어요.

"헉, 너무 복잡한걸?"

그때 마침 인공지능 에이전트가 도움을 줬어요. 길고 복잡한 요리 방법을 간단하게 바꿔 주었지요.

"대체 어떻게 한거죠?"

지후가 믿을 수 없다는 듯한 표정을 지으며 인공지능 에이전트에게 물었어요. 인공지능 에이전트는 평온하게 대답했어요.

"나는 '**자연어 처리(NLP)**'라는 기술을 사용해서 복잡한 문장을 간단하게 바꿀 수 있어요. 자연어 처리는 사람이 사용하는 언어를 인공지능이 이해하고 처리하는 기술이에요. 인공지능 에이전트도 자연어 처리 기술을 이용해서 사람의 말을 이해할 수 있어요! 그래서 사람과 컴퓨터가 대화할 수 있는 거예요."

지후가 고개를 끄덕이자 마리엘이 살짝 미소를 지었어요.

"이제 '**컴퓨터 비전(CV)**'에 대해 배워볼 시간입니다."

가상 동물원에는 여러 종류의 동물들이 있었어요. 수지가 어떤 동물을 가리키며 마리엘에게 물었어요.

"마리엘, 저 동물은 뭐예요? 저거 처음 보는 동물인데."

마리엘은 인공지능 에이전트를 사용해 동물의 사진을 살펴보고 분석했어요.

"그 동물은 '오카피'예요. 아프리카 콩고 지역에 사는 동물이지요. 얼룩말처럼 보일 수 있지만, 사실은 기린과 가까운 친척이에요."

지후는 눈을 또렷이 뜨고 마리엘을 바라봤어요.

"모르는 동물을 만나더라도 인공지능 에이전트가 도와주겠네요."

마리엘은 미소 지으며 고개를 끄덕였어요.

"그렇답니다. 이게 바로 '컴퓨터 비전'이라는 기술이에요. 인공지능 에이전트는 사진만 봐도 어떤 동물인지 알아낼 수 있어요. 이 기술은 동물을 분류하는 것뿐 아니라, 여러 가지 다른 방법으로도 사용될 수 있어요."

갑자기 수지가 다른 동물을 가리키며 지후에게 물었어요.

"지후야, 저 동물 이름이 뭘까?"

지후는 의아해하며 카메라를 들었어요. 코끼리가 확실한데, 수지가 왜 묻는 건지 이해할 수 없었지요. 수지는 그 모습을 보고 웃음을 터뜨렸어요.

"지후, 너 코끼리도 모른다고?"

지후는 놀림을 당한 걸 알고 귀까지 빨개졌어요.

그들은 모두 깔깔대며 웃었어요.

"이제 로봇을 만나 볼 시간이 되었어요!"

마리엘이 활기차게 말하면서 로봇 청소기를 불렀어요. 그러자 인공지능 로봇 청소기가 독특하게 움직이며 등장했어요. 지후는 궁금한 표정으로 말했어요.

"수지야, 이 청소 로봇이 어떻게 방을 누비며 청소하는 걸까?"

수지가 대답을 망설이자, 마리엘이 대신 말했어요.

"청소 로봇은 다양한 센서를 사용해 주변을 인식해요. 그리고 그 정보를 인공지능 에이전트가 분석해서 어디를 청소하고 어떻게 움직일지 결정하죠."

"아, 그러니까 로봇은 인공지능 에이전트의 도움으로 방을 보면서 청소하는 거군요!"

마리엘은 고개를 끄덕이며 대답했어요.

"맞아요, 지후. 인공지능 에이전트는 로봇에게 어떻게 행동할지 가르쳐줘요. 그렇게 되면 로봇이 우리의 일상생활을 도와줄 수 있어요."

지후와 수지는 마리엘이 설명하는 동안 로봇 청소기가 어떻게 일하는지 눈으로 확인했어요.

"마리엘, 우리가 오늘 배운 이런 모든 인공지능 기술들을 직접 체험해볼 수 있을까요?"

지후가 마리엘을 간절하게 바라보며 말했어요.

"물론이지요! 다음 모험에서는 인공지능이 어떻게 구조 작전을 진행하는지 살펴보려고 해요."

마리엘의 말을 듣고, 지후와 수지는 더욱 기대감이 생겼어요. 인공지능에 대해 자세히 배울 생각에 심장이 두근거렸어요.

자연어 처리$^{=NLP}$

　자연어 처리는 사람의 언어를 컴퓨터가 이해하고 처리하는 기술입니다. 컴퓨터가 글을 읽고 중요한 내용을 요약하거나 다른 언어로 번역할 수 있고, 우리와 대화도 할 수 있습니다.

자연어 처리가 어떻게 작동하는지 살펴볼까요?
1. 컴퓨터는 여러분이 말하는 것을 듣거나 쓰여진 것을 읽습니다.
2. 컴퓨터는 전체 글을 문장으로 쪼개고, 문장은 단어나 글자 단위로 쪼갭니다.
3. 컴퓨터는 단어가 어떻게 함께 조합되는지 파악하여 여러분이 말하려는 것이나 이야기의 내용을 이해합니다.
4. 컴퓨터는 질문에 대답하거나 조언을 해주는 등 친구처럼 대화할 수 있습니다.
5. 때로는 컴퓨터가 사람들과의 대화와 이해를 통해 배운 것을 활용하여 스스로 문장이나 이야기를 만들 수도 있습니다.

　자연어 처리는 컴퓨터와 로봇이 사람들의 말을 이해하고 의사소통할 수 있도록 도와줍니다. 이를 통해 컴퓨터와 로봇이 우리의 일을 도와주고, 질문에 답할 수 있게 되며, 때로는 친구처럼 대화할 수도 있습니다.

컴퓨터 비전 =CV

컴퓨터 비전은 컴퓨터가 사람의 눈처럼 이미지나 동영상을 보고 이해하는 기술입니다. 이 기술을 사용하면 사진이나 동영상을 자동으로 분석하고, 그 안에 무엇이 있는지 알려줄 수 있습니다.

컴퓨터 비전이 작동하는 방식을 살펴볼까요?

1. 컴퓨터는 카메라나 센서를 사용하여 사진이나 주변 세상을 봅니다.
2. 컴퓨터는 사람, 동물, 물체와 같은 다양한 것들을 인식합니다.
3. 컴퓨터는 보이는 모양, 색깔, 패턴을 살펴보며 무슨 일이 일어나는지 이해하려고 합니다.
4. 이를 이해하면, 컴퓨터는 본 것을 기반으로 일을 할 수 있습니다. 예를 들어, 잃어버린 장난감 찾기, 사진 속 사람 식별하기, 심지어 게임을 할 수도 있습니다.
5. 컴퓨터가 사진과 장면을 더 많이 볼수록 더 잘 이해하게 됩니다.

컴퓨터 비전은 컴퓨터와 로봇이 우리처럼 세상을 보고 이해할 수 있도록 돕습니다. 이를 통해 컴퓨터와 로봇이 우리의 일을 돕고, 문제를 해결할 수 있습니다.

강아지 구조 작전

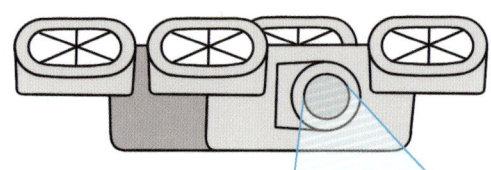

판타시티 중심에 위치한 공원은 푸르른 나무들로 둘러싸여 있어요. 이 공원에는 깨끗한 연못도 있고, 무성한 나무들로 이루어진 숲도 있어요. 해가 나뭇잎을 빛나게 하고, 거대한 나무들이 하늘로 솟아오르고 있어요. 그 사이에서 새들의 노래가 울려 퍼졌어요.

"우리의 임무는 공원 숲속에 숨어 있는 강아지를 찾는 거예요. 인공지능의 다양한 기능을 사용해서 말이죠."

마리엘은 하늘을 날아다니는 작은 드론을 소개했어요.

"드론은 사진을 찍어 공원을 탐색할 거예요. 그 사진은 실시간으로 분석되어, 강아지가 있을 만한 장소를 찾아내는 데 도움을 줄 거예요."

지후는 조심스럽게 드론을 조종하면서 명령을 내렸어요.

"드론! 강아지를 찾아봐!"

드론은 이 명령을 자연어 처리 기능으로 이해하고, 그에 따라 움직였어요. 드론은 숲을 돌아다니며 사진을 찍었어요. 컴퓨터 비전 기능으로 찍은 사진을 분석했어요. 강아지는 찾지 못했지만, 컴퓨터 비전이 사진 속에서 특별한 패턴을 발견했어요. 작은 움직임, 풀밭의 형태 변화, 그리고 강아지 발자국 같은 작은 흔적들이 보였어요.

"여기 보세요!"

마리엘이 화면을 가리켰어요.

"강아지는 우리가 생각한 곳에 없지만, 이 흔적들이 강아지가 어디로 갔는지 알려 주고 있어요."

이번에는 드론의 소음 감지 장비를 이용해 강아지가 있는 곳을 찾아보기로 했어요. 드론이 수집한 소리 데이터를 인공지능 에이전트의 자연어 처리 기능이 분석해 강아지의 짖는 소리를 인식하고 그 위치를 표시해 주었어요. 끊임없이 학습하고 분석하는 인공지능의 기계 학습 능력 덕분에, 웅덩이에 숨어 있던 강아지를 발견할 수 있었어요. 지후가 눈을 반짝이며 화면을 가리켰어요.

"찾았어요! 강아지가 저기 보여요!"

마리엘은 뿌듯한 미소를 지으며 대답했어요.

"잘 했어요, 지후. 이제 로봇을 사용해서 강아지를 안전하게 구하러 가야겠어요. 로봇 팔이 강아지를 부드럽게 안아 올릴 수 있게끔 센서와 인공지능을 사용할 거예요."

그런 다음, 마리엘이 로봇 팔이 어떻게 강아지를 안전하게 안아 올리는지 보여 줬어요.

"강아지가 어떤 상태인지 확인해 보는 게 좋지 않을까요? 휴대용 인공지능 진단 장치로 강아지의 건강 상태를 살펴보면 좋을 것 같아요!"

마리엘은 수지의 제안에 기분이 좋아졌어요.

"그건 어떻게 사용하는 건가요?"

지후가 눈을 크게 뜨고 물었어요. 마리엘은 인공지능 에이전트가 강아지의 상태에 대한 정보를 분석하고, 그 정보를 거대한 의료 데이터베이스와 비교하여 강아지의 건강 상태를 알아내는 방식으로 동작한다고 자세히 설명했어요.

강아지를 구하러 가기 위해 수지와 지후는 마리엘과 함께 휴대용 인공지능 진단 장치를 들고 숲으로 갔어요. 마리엘은 휴대용 스크린을 들고 앞길을 비추면서 안내했어요. 그들이 조심스럽게 나무 사이를 지나가면서, 강아지의 위치는 점점 더 확실해졌어요. 웅덩이 주변에 도착하자, 휴대용 스크린에 어둠 속에서 조용히 앉아 있는

강아지의 모습이 나타났어요.

"천천히 다가가야 해요."

마리엘이 조언했어요. 그녀는 화면을 넘겨 보면서, 강아지가 가장 안전하게 구조될 수 있는 방법을 찾았어요. 수지는 특별한 고무 장갑을 끼고, 조심스럽게 웅덩이 가까이 갔어요. 강아지는 겁을 먹어서 웅덩이 속으로 숨었지만, 수지가 천천히 손을 내밀자 결국 다가왔어요. 그리고 지후가 인공지능 진단 장치를 켜서 강아지의 건강 상태를 확인했어요. 강아지는 조금 긴장했지만, 아픈 곳 없이 건강했어요. 그들은 강아지를 안전하게 웅덩이에서 꺼내고, 마리엘이 가져온 따뜻한 담요로 감싸줬어요. 강아지는 처음에는 몸을 움츠렸지만, 곧 그들이 친구라는 것을 알았어요. 그들은 결국 강아지를 안전하게 구조했어요. 마리엘, 수지, 그리고 지후의 얼굴에는 뿌듯한 미소가 넘쳤어요.

마리엘이 아이들에게 강아지의 집을 찾아줄 수 있는 특별한 인공지능 교통 앱을 보여 주었어요.

"이 앱은 여러 가지 정보를 분석해요. 사람들이 인터넷에 올린 강아지 정보나, 길을 잃은 강아지를 본 사람들의 소식 같은 거지요. 이 정보를 모아서 강아지의 집을 찾아 주는 거죠."

마리엘이 설명하며 아이들에게 앱 화면을 보여 줬어요. 수지는 망설임 없이 앱을 설치했어요.

"이제 이 앱을 사용해서 강아지의 집을 찾아야 겠다!"

지후는 수지의 진지한 표정에 웃음이 나왔어요.

"지후야, 인공지능 에이전트가 도와주면 아무리 어려운 일도 해결할 수 있을 거야."

수지가 희망찬 눈빛으로 말했어요. 그 말이 끝나자마자, 앱에는 강아지의 집 위치가 나타났어요. 강아지가 집에 도착하자, 가족들은 기쁜 마음으로 반겼어요. 가족들은 강아지를 안아 보고, 강아지가 무사히 집으로 돌아왔음을 확인했어요. 그들의 얼굴에는 웃음이 넘쳤어요.

"우리가 배운 지식을 이렇게 좋은 일에 사용한 게 자랑스럽다."

수지가 말하며 웃었어요.

"인공지능 지식으로 세상을 좋게 바꿀 수 있을까요?"

"그럼요, 그럴 수 있어요."

마리엘이 자신 있게 말했어요.

"다음에 인공지능 챗봇과 어떻게 소통하는지 배워볼 거예요. 챗봇과의 대화를 통해 인공지능 에이전트가 사람들의 언어를 어떻게 파악하고 반응하는지 이해할 수 있어요. 이를 통해 세상을 더 나아지게 하는 방법을 찾을 수 있을 거예요!"

컴퓨터 비전을 이용하는 드론

하늘에서 학교를 내려다보는 멋진 비행 로봇, 드론이 있어요. 이 드론은 컴퓨터 비전이라는 특별한 기술을 가지고 있어요. 그 덕분에 드론은 학교에서 일어나는 모든 것을 볼 수 있게 도와줍니다.

컴퓨터 비전을 이용하는 드론이 어떻게 작동하는지 살펴볼까요?
1. 드론은 새처럼 날아다니며 학교에서 일어나는 일을 주시합니다.
2. 컴퓨터 비전 기능은 사람, 동물, 물건 등을 보고 인식하는 데 도움이 됩니다. 마치 멀리서 친구와 선생님을 발견하는 것처럼요.
3. 드론은 이 정보를 사용하여 모두를 안전하게 지키고, 분실물을 찾거나, 심지어 쉬는 시간에 놀 수 있는 최고의 장소를 보여 줄 수 있습니다.

컴퓨터 비전을 이용하는 드론은 우리의 일상에 우리에게 도움을 주며, 재미있고 안전한 시간을 보낼 수 있도록 지원합니다. 이러한 기술은 학교 뿐만 아니라 다양한 분야에서도 활용되어 더 나은 미래를 기대하게 합니다.

휴대용 인공지능 진단 장치

　동물들을 보기만 해도 어떤 도움이 필요한지 알려 주는 도구가 있다면 어떨까요? 휴대용 인공지능 진단 장치는 컴퓨터 기술을 사용해 동물들의 건강 상태를 확인하고 괜찮은지 판단할 수 있습니다.

휴대용 인공지능 진단 장치가 어떻게 작동하는지 살펴볼까요?

1. 이 장치는 특별한 센서와 컴퓨터 기술을 사용하여 동물들을 관찰합니다. 친구들의 기분을 살펴볼 때 처럼요.
2. 동물들의 심장 박동, 체온, 건강 상태의 다른 신호 등을 확인합니다.
3. 장치 내부의 컴퓨터는 빠르게 정보를 분석하여 동물들이 건강한지, 아니면 수의사를 찾아가야 하는지 알려 줍니다.
4. 이 마법 같은 도우미는 동물들을 돌보는 것을 더 쉽게 만들어주고, 동물들이 항상 최적의 컨디션을 유지할 수 있도록 도와줍니다!

　휴대용 인공지능 진단 장치는 동물들을 더 잘 돌보고 행복하고 건강하게 유지할 수 있도록 도와주는 동물 전용 의사랍니다.

인공지능 로봇 팔

물웅덩이에 빠진 강아지를 조심스럽게 구조하려면 무엇이 필요할까요? 긴 팔을 가진 슈퍼 히어로가 나타나면 좋을 텐데요. 인공지능 로봇 팔은 바로 그런 슈퍼 히어로와 같습니다! 이 로봇은 강아지를 물웅덩이에서 안전하게 구조해 줄 수 있는 특별한 팔을 가지고 있습니다.

인공지능 로봇 팔이 어떻게 작동하는지 살펴볼까요?

1. 로봇 팔은 강아지가 어디 있는지, 어떻게 안전하게 다가갈 수 있는지를 이해하는 똑똑한 컴퓨터 두뇌를 가지고 있어요.
2. 로봇 팔은 강아지가 놀라지 않게 조심스럽게 팔을 뻗어 강아지에게 다가갑니다.
3. 로봇 팔은 강아지를 부드럽게 잡아 편안하고 안전하게 지켜 줍니다.
4. 강아지가 로봇 팔 안에서 안전해지면, 로봇 팔은 조심스럽게 강아지를 웅덩이에서 꺼내 땅에 부드럽게 내려놓아요.

이와 같이 인공지능 로봇 팔은 사람의 일을 돕고, 정확성과 효율성을 향상시킬 수 있습니다. 그리고 위험하거나 어려운 작업을 대신 해 주어서 사람의 안전을 보호하는 역할을 할 수 있습니다.

인공지능 교통 앱

　인공지능이 탑재된 교통 앱은 휴대폰에 있는 똑똑한 어플리케이션으로, 강아지와 주인이 빠르고 쉽게 만날 수 있게 도와줍니다.

인공지능이 탑재된 교통 앱이 어떻게 작동하는지 살펴볼까요?
1. 앱은 지역에 있는 모든 강아지와 주인에 대한 정보를 가지고 있습니다.
2. 길 잃은 강아지를 발견하면, 앱은 강아지의 털 색깔이나 특별한 표식 등 강아지의 세부 정보를 보고 주인이 누구인지 알아냅니다.
3. 그런 다음 강아지를 주인에게 되돌려주는 가장 좋은 방법을 보여 줍니다. 집까지 가는 가장 빠른 길을 알려주지요.
4. 강아지가 주인에게 돌아오면, 앱은 모두 안전한지 확인합니다.

　이와 같이 인공지능 교통 앱은 인공지능 기술을 활용하여 도로 교통 상황을 모니터링하고, 사람들에게 실시간으로 도움을 줍니다. 그래서 도시의 교통 혼잡을 최소하는 데 도움을 줄 수 있습니다.

보고 이해하는
인공지능

2

챗봇과 대화 나누기

판타시티의 중심에 있는 중앙 공원 옆에는 디지털 도서관이 있었어요. 이 곳에서 수지와 지후는 광채를 뿜는 놀라운 디지털 대화 공간을 발견했어요. 화려하게 반짝이는 디지털 스크린들 속에서 사람들이 다양한 인공지능 친구들과 대화를 나누는 모습이 보였어요. 수지와 지후도 인공지능 챗봇과 첫 대화를 나누게 될 생각에 마음이 들떴어요.

그런데 마리엘이 환히 빛나는 스크린을 들고 나타났어요.

"안녕, 수지와 지후! 우리의 인공지능 친구인 챗봇과 새로운 이야기를 나눠보려 해요. 이 스크린을 보면, 챗봇이 어떻게 우리의 일상을 더욱 흥미롭게 만들어주는지 알 수 있어요!"

마리엘이 웃으며 말했어요.

"챗봇과 어떤 대화를 할 수 있어요?"

"예전에는 챗봇이 정해진 대화만 할 수 있었지만, 지금은 사람들

이 원하는 어떤 대화든 할 수 있어요. 특히, 고객 서비스나 온라인 학습, 그리고 창작 활동에서 챗봇이 정말로 큰 도움을 주고 있답니다."

"그러면 챗봇이 우리가 일하는 방식을 바꿔 줬다는 건가요?"

지후는 예리한 눈빛으로 마리엘을 바라보며 물었어요. 마리엘은 고개를 끄덕이며 대답했어요.

"맞아요, 지후! 예를 들어, 상점에서 쇼핑을 하다가 도움이 필요하면, 챗봇이 상품에 대한 모든 정보를 바로 알려 줄 수 있어요."

"마리엘, 그럼 챗봇이 어려운 공부도 가르쳐줄 수 있을까요?"

마리엘은 스크린을 가리키며 말했어요.

"먼저 챗봇에게 묻기 전에 스스로 풀어보려는 노력을 해 보아야겠죠. 그래도 어렵다면 챗봇이 도와줄 수 있어요. 만약 수학 문제를 푸는 것이 어렵다면, 챗봇이 단계별로 문제를 풀어나가는 방법을 알려 줄 수 있어요. 학생들이 개인별로 필요한 부분을 더 잘 이해하고 배울 수 있게 도와줄 수 있답니다."

"그럼 글을 쓰는 사람들에게는 어떻게 도움을 주나요?"

수지는 마리엘에게 물었어요. 마리엘은 화면을 슬라이드하며 또 다른 예를 보여 주었어요.

"글을 쓰는 사람이 챗봇에게 어떤 주제나 키워드를 알려 주면,

챗봇은 그에 맞는 창조적인 아이디어를 제안해줘요. 또한, 글을 쓰다가 실수를 하면, 챗봇이 바로잡아 주기도 해요."

수지가 눈빛이 반짝이며 마리엘에게 말했어요.

"'용기 있는 소년', '신비한 마법사', '잃어버린 보물' 같은 키워드로 흥미진진한 이야기를 만들고 싶어요! 그럼 그런 말들을 챗봇에게 알려 주면 되나요?"

마리엘은 웃으며 대답했어요.

"맞아요, 수지. 그럼 챗봇이 그 말들을 섞어서 멋진 이야기를 만들어낼 수 있어요."

"진짜요? 그런 걸 어떻게 할 수 있죠?"

마리엘은 웃으며 스크린을 가리키며 대답했어요.

"챗봇은 많은 책을 읽었기 때문에, 어떻게 하면 이야기를 재밌게 만들 수 있는지 알고 있거든요."

이 때, 수지가 지후에게 장난기 섞인 목소리로 말했어요.

"너도 원하는 이야기를 챗봇에게 만들어 달라고 부탁해 봐!"

지후는 활짝 웃으며 고개를 끄덕였어요.

"그럼 만약 챗봇이 만든 이야기가 내가 생각한 거랑 좀 다르다면 어떻게 하죠?"

마리엘은 웃으며 대답했어요.

"챗봇은 지후가 원하는 대로 이야기를 바꿔 줄 수 있어요. 어떤 부분이 마음에 안든다고 말해주면, 챗봇이 그 부분을 고쳐서 이야기를 더 멋지게 만들어 줄 수 있답니다."

수지는 눈빛이 반짝이며 마리엘을 바라보며 말했어요.

"그럼 지후가 원하는 대로 이야기를 만들 수 있겠네요. 이렇게 하면 글쓰기가 정말 쉬워질 것 같아요!"

"맞아요, 수지. 팁을 하나 알려 줄게요. 이야기를 만드는 데 있어서 가장 중요한 것 중 하나는 '감정'이에요. 이야기에 감정이 들어가면, 그 이야기가 더 생동감 있게 느껴지게 된답니다."

지후가 얼굴을 찡그리며, "감정이라는 게 뭐지?" 하고 물었어요. 마리엘은 미소를 지으며 천천히 대답했어요.

"우리가 느끼는 기쁨, 슬픔, 분노, 두려움과 같은 감정을 말하는 거예요. 이런 감정들이 이야기 속 캐릭터들의 행동과 대화에 영향을 주거든요."

"그러면 '슬픔'을 주제로 한 이야기는 어떨까?"

지후가 심사숙고하며 제안했어요. 마리엘은 웃으며 물었어요.

"왜 슬픈 이야기를 만들고 싶은 거죠, 지후?"

"그렇게 하면 나를 위로해 줄 수 있는 챗봇 친구가 생길 거 같아서요!"

지후가 웃으며 대답했어요. 그러자 수지가 지후를 향해 따뜻한 눈빛으로 고개를 끄덕이며 말했어요.

"지후야, 슬픈 이야기보다는 웃음 가득한 이야기를 만들면 어떨까? 우리 인공지능 친구가 너를 웃게 하는 이야기를 만드는 건 분명 쉬울 거야!"

지후는 활짝 웃으며 대답했어요.

"그래, 그 생각 좋네! 그럼 웃음이 넘치는 이야기를 만들어 봐야겠다!"

"그럼, 챗봇이 다른 곳에서도 쓰이는 건가요?"

마리엘은 지후를 바라보며 설명하기 시작했어요.

"네, 챗봇은 정말 다양한 곳에서 활용되고 있어요. 회사에서는 면접을 도와주고, 병원에서는 사람들이 병원에 가야 할 날짜를 안내해 주기도 하거든요."

지후의 눈이 빛났어요.

"우와, 그럼 게임에도 쓰일 수 있겠네요?"

마리엘은 밝게 웃으며 대답했어요.

"네! 게임에서는 챗봇이 게임 속의 캐릭터들과 이야기하도록 만들 수 있어요. 그렇게 하면 게임이 더 신날 거예요."

그런데 지후와 수지가 화면에 표시된 메시지를 보게 되었어요.

'판타시티 요리 대회에 참가하실 분들의 신청을 받습니다!'

"우리도 가보는 건 어때?"

"좋아, 가자!"

수지가 활짝 웃으며 대답했어요.

그들이 마리엘을 따라 요리 대회장으로 갔어요. 거대한 요리 스튜디오가 그들의 눈 앞에 펼쳐졌어요. '판타시티'의 한 모퉁이에 위치한 이곳은 그들의 상상을 뛰어넘는 화려한 모습이었어요. 높은 천장 아래에는 수많은 요리대가 줄을 이었고, 각 요리대에는 다양한 요리 도구와 재료들이 가득했어요. 가장 중앙에는 원형의 큰 요리대가 있었고, 그 주변에는 각 팀들의 작업 공간이 준비되어 있었어요.

그러나 그들이 가장 놀랐던 건 천장 가까이에 설치된 엄청나게 큰 디지털 스크린이었어요. 그 스크린에는 '1만 원으로 최고의 레시피 만들기'라는 큰 글씨가 써 있었어요. 이 스크린은 참가자들이 요리를 만드는 모든 과정을 실시간으로 보여 주며, 대회장의 분위기를 돋우었어요.

"우아, 정말 멋지네요, 마리엘!"

수지가 감탄하며 말했어요. 마리엘은 수지에게 미소를 지었어요.

"그럼 우리도 한번 레시피를 만들어 볼까요?"

지후와 수지는 들떠서 고개를 끄덕였어요. 그들은 요리 재료들을 작업 공간으로 가져갔어요. 1만 원으로 최고의 레시피를 만드는 것과 그 과정을 실시간으로 보여 주는 건 정말 흥미로운 일이었어요.

마리엘은 참가 팀들에 대해 설명해 주었어요.

"이번 대회에는 총 세 팀이 참가했어요. '팀 A'는 떡볶이와 김밥을 결합한 레시피를, '팀 B'는 스파게티 레시피를, 그리고 '팀 C'는 다양한 채소로 만든 잡채 레시피를 준비했어요."

"마리엘, 다른 친구들은 챗봇을 어떤 식으로 활용했을까요?"

마리엘이 상냥하게 답했어요.

"팀 A는 챗봇에게 '떡볶이'와 '김밥' 레시피를 물어본 후에, 그 둘을 섞어서 새로운 레시피를 만들었어요. 팀 B는 '싼 가격으로 맛있는 스파게티 만드는 방법을 알려 줘'라고 챗봇에게 요청했어요. 그랬더니 챗봇이 저렴하면서도 맛있는 스파게티 레시피를 알려 주었답니다. 팀 C는 '다양한 채소로 잡채 만들기'라는 주제로 챗봇에게 조언을 구하고, 그 결과를 바탕으로 자신들만의 레시피를 만들었어요."

심사 위원들은 한 곳에 모여 이야기를 나누었어요. 각 팀은 결과를 기다리고 있었지요.

"마리엘, 각 팀이 어떻게 챗봇을 활용했는지는 어떻게 평가했나요?"

지후의 질문에 마리엘은 더 자세히 설명해 주었어요.

"심사 위원들은 각 팀이 어떻게 챗봇을 활용했는지를 살펴보며 평가했어요. 팀 A는 새로운 아이디어를 만들어내는 능력, 팀 B는 문제를 해결하는 능력, 그리고 팀 C는 기존 레시피를 새롭게 변형하는 능력을 평가 받았어요."

"마리엘, 챗봇이 어떻게 다양한 일을 해낼 수 있는지 알게 되서 너무 즐거웠어요. 그럼, 다음에는 무엇을 배울까요?"

"다음에는 챗봇이 어떻게 우리의 말을 이해하고 대답하는지 배우게 될 거예요. 그건 바로 '텍스트 트랜스포머'입니다."

GPT =Generative Pre-trained Transformer

 GPT는 컴퓨터가 사람의 말이나 문장을 이해하고, 새로운 문장을 만드는 데 도움을 주는 인공지능 언어 모델입니다. GPT를 사용하면 질문에 대답하고, 창의적인 아이디어를 제안할 수 있어요.

GPT가 어떻게 작동하는지 살펴볼까요?

1. 여러분이 입력하는 텍스트를 읽습니다.
2. 입력된 텍스트의 의미를 이해하려고 노력합니다. 이는 여러분이 사용하는 단어, 문장 구조, 그리고 문맥에 따라 달라집니다.
3. 학습한 수많은 텍스트 데이터를 기반으로 가장 적절한 문장을 만들어 답을 해줍니다.
4. GPT의 응답을 이용하여 새로운 문장이나 이야기를 쓸 수도 있습니다. 이는 창작물을 만들거나 특정 주제에 대해 쓰는 데 도움이 됩니다.

 GPT를 통해 컴퓨터는 자연어로 된 텍스트를 처리하고 생성할 수 있어, 다양한 언어 관련 작업에서 효과적으로 활용될 수 있습니다.

챗봇의 비밀, 텍스트 트랜스포머

디지털 도서관은 마치 무지개와 같은 다양한 색의 책들로 가득 찬 마법의 성처럼 보였어요. 구름 같은 책장에서 넘쳐나는 지식이 가득한 이곳은 새로운 모험을 시작할 완벽한 장소였어요.

마리엘은 크고 투명한 스크린을 펼쳐 보여 주었어요.

"자, 이제 '텍스트 트랜스포머(T2T)'에 대해 알아봐요."

마리엘의 손가락이 스크린 위를 가볍게 스쳤어요.

"텍스트 트랜스포머가 왜 그렇게 대단한지 알려 주세요!"

수지가 호기심 가득한 눈빛으로 물었어요.

"예전에는 인공지능이 '어제 공원에서 강아지 친구를 만났어. 그 강아지는 흰색 푸들이었고, 꼬리를 흔들며 나에게 인사했어.' 같은 문장을 이해하는 게 꽤 어려웠어요."

마리엘이 설명하자, 지후가 어이없다는 듯이 반응했어요.

"정말요? 그렇게 간단한 이야기를 이해하지 못했다고요?"

마리엘이 웃으며 대답했어요.

"맞아요. 그런데, 그건 예전 이야기예요. 당시의 컴퓨터는 단어를 하나씩, 순차적으로 처리했거든요. 그래서 조금만 복잡한 문장이 나오면 이해하는 데 어려움을 겪었어요."

"그럼 텍스트 트랜스포머는 어떻게 그 문제를 해결하나요?"

"텍스트 트랜스포머는 '셀프 어텐션'이라는 특별한 방법을 이용해요. 그것은 문장 속 모든 단어들이 서로 어떻게 관련되어 있는지를 한 번에 확인해요. 그래서 '강아지'가 '푸들'을 가리키고, 그 '푸들'이 꼬리를 흔들며 인사한다는 걸 이해할 수 있답니다."

"셀프 어텐션? 그게 뭔가요?"

지후가 헷갈리는 눈빛으로 물었어요. 마리엘은 미소 지으며 답했어요.

"좀 더 쉽게 설명해 줄게요. 셀프 어텐션은 지후가 다른 친구들을 살펴보는 것과 같아요. 친구들 사이의 관계를 생각하고, 서로에게 얼마나 관심이 있는지, 어떤 친구와 가장 친한지 등을 고려하는 거죠. 단어들의 관계를 생각하고, 어떤 단어가 중요한지 알아내는 기술이라고 생각하면 되요."

"그럼 텍스트 트랜스포머는 어떻게 한 번에 모든 단어를 생각하나요? 그거 정말 어렵지 않을까요?"

지후가 호기심이 가득 찬 눈빛으로 물었어요.

"셀프 어텐션은 '병렬 처리'라는 기술을 사용하거든요. 이 기술로 인해 컴퓨터는 한 번에 여러 단어를 처리할 수 있답니다. 마치 우리가 한 번에 여러 가지 일을 동시에 하는 것처럼 말이죠!"

지후가 머리를 긁적이며 마리엘에게 말했어요.

"너무 어려워요. 병렬 처리가 뭔지 예를 들어줄 수 있나요?"

마리엘은 웃으며 손을 펼치고, 모든 손가락을 동시에 움직였어요.

"친구들에게 초콜릿을 나눠줄 때를 생각해 보세요. 한 사람에게 한 개씩 줄 수도 있지만, 양손을 동시에 움직여서 여러 친구들에게

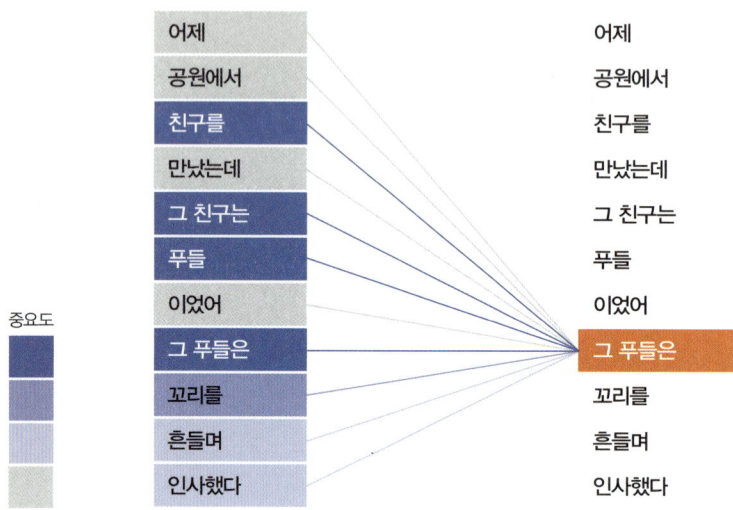

〈병렬 처리 과정〉

초콜릿을 줄 수도 있어요. 컴퓨터도 이처럼 여러 일을 동시에 처리할 수 있는데, 이게 바로 '병렬 처리'입니다."

마리엘은 다시 한 번 모든 손가락을 움직이며 덧붙였어요.

"병렬 처리를 사용하면, 많은 단어를 한 번에 처리하면서도 빠르게 일을 할 수 있어요."

마리엘이 스크린을 보며 말했어요.

"'수지가 지후에게 사과를 줬다'라는 문장이 있어요. 이 문장에서 '수지', '지후', '사과', '주다'라는 각각의 단어들을 각각의 작업자가 독립적으로 처리하는 것처럼 상상해 봐요. 각 작업자들이 동시에 일을 처리하면서도 전체적인 이야기를 이해하는 건, 마치 각자의 퍼즐 조각을 맞추는 것과 같아요. 예를 들어, '수지'를 맡은 작업자는 '사

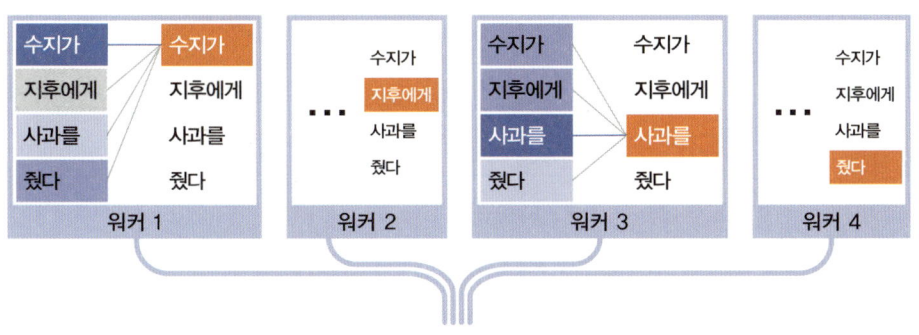

〈셀프 어텐션 + 병렬 처리 과정〉

과를 주는 행동'과 누가 사과를 받는지 찾아내고, '지후'를 맡은 작업자는 '사과를 받는 행동'과 누가 이 사과를 주는지 알아내는 일을 해요. 이런 식으로 각각의 작업자들이 자기 부분을 맡아서, 그러나 동시에 일을 처리하며 전체적인 이야기의 의미를 완성해 나가는 거죠. 이게 바로 '병렬 처리'의 마법이에요."

지후는 신기하다는 표정으로 마리엘을 바라봤어요.

"그럼, 셀프 어텐션과 병렬 처리가 함께 작동하면 어떤 좋은 점이 있을까요?"

"우리가 얘기하는 모든 단어가 어떻게 서로 연결되는지 알 수 있는 건 정말 멋진 일이죠. 셀프 어텐션과 병렬 처리가 함께 작동하면, 각 단어가 문장 속에서 어떤 역할을 하는지 한번에 파악할 수 있어요. 그래서 각 단어는 자신의 역할에만 집중하면 됩니다."

그때 수지가 눈치채며 말했어요.

"그래서 챗봇이 우리 말을 빠르게 이해하고, 적절한 대답을 할 수 있는 거군요! 병렬 처리 덕분에 한 번에 여러 사람과 대화를 할 수 있을 것 같아요."

지후는 이번에는 또 다른 질문을 던졌어요.

"그럼 이 텍스트 트랜스포머가 어디에 쓰이나요, 마리엘?"

마리엘은 즉시 화면을 통해 여러 가지 예시를 보여 주며 대답했어요.

"기계 번역이나, 글의 요약, 심지어 새로운 글쓰기 분야에서 텍스트 트랜스포머를 사용하고 있어요."

지후는 마리엘의 설명을 들으며 눈이 반짝였어요. 지후는 이 기술이 어떻게 더 다양하게 활용될 수 있을지 궁금했어요.

"마리엘, 트랜스포머가 문장을 번역하거나 요약하는 것 외에 문장들 사이의 관계도 이해할 수 있을까요?"

"그럼요, 지후. 문장들 사이에 어떤 관계가 있는지, 어떤 문장이 다른 문장에 어떤 영향을 미치는지, 그리고 두 문장이 얼마나 관련되어 있는지를 파악할 수 있어요. 그래서 우리가 무슨 말을 하려는지, 어떤 감정을 가지고 있는지도 이해할 수 있답니다."

지후와 수지는 마리엘의 설명에 감탄하며, 지후가 마리엘에게 다시 질문했어요.

"그럼, 이런 멋진 기술로 우리가 직접 무엇을 해볼 수 있을까요, 마리엘?"

마리엘은 화면을 통해 디지털 라이브러리의 특별 세미나 정보를 보여 주며 대답했어요.

"감성 분석 로봇 세미나가 곧 있을 거예요. 이번 세미나에서는 지금까지 배운 걸 실제로 적용해 볼 수 있는 기회가 될 거예요."

지후와 수지는 A, B, C 세 로봇을 각각 골라, 상점에서 어떻게 도움이 될 수 있는지 알아보기로 했어요. 세미나의 날, 지후와 수지는 상점에서 가장 인기 있는 상품에 대한 고객들의 의견을 모아 로봇들에게 전달했어요. 로봇들이 고객들의 의견을 분석하고, 각각 어떻게 반응하는지 알려 주었어요.

"와, 팀 A의 로봇이 상품에 대한 의견을 진짜 잘 이해해! 이런 정보로 상품을 더 좋게 만들고, 고객 서비스도 향상시킬 수 있을 것

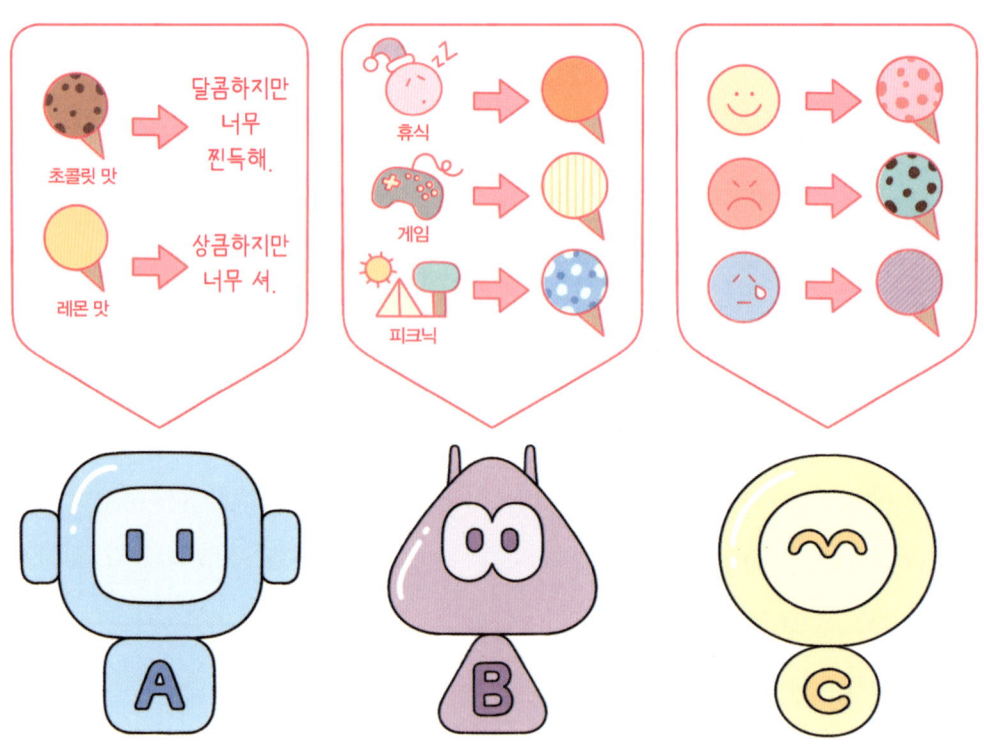

같아요."

지후가 신이 나서 말했어요. 수지도 눈을 반짝이며 말했어요.

"팀 B의 로봇은 사람들이 어떤 주제나 단어에 어떤 생각을 가지고 있는지 잘 찾아내는 것 같아요. 이런 정보로 더 인기 있는 상품을 찾아서 사람들에게 알릴 수 있겠어요."

그리고 마지막으로, 마리엘은 팀 C의 로봇에 대해 말했어요.

"팀 C의 로봇은 사람들이 어떤 기분인지 알아내고, 어떤 상품이 사람들에게 잘 맞을지를 알려 줘요. 이 정보로 사람들이 좋아할 만한 행사를 계획하고 실행하는 데 도움이 될 수 있을 거예요."

지후와 수지는 이런 경험을 통해, 텍스트 트랜스포머라는 멋진 기술이 실제로 어떻게 도움이 되는지 알게 되었어요.

"정말 대단한 기술이야. 텍스트 트랜스포머로 감성 분석까지 할 수 있다니, 로봇이 모든 일을 다 처리해주네. 우리는 그냥 아이스크림만 먹으면 될 것 같아!"

지후가 웃으며 말했어요. 수지는 장난스럽게 웃었어요.

"그럼 우리도 기계 학습을 배워서, 아이스크림 먹는 방법까지 로봇에게 가르쳐야겠어. 그럼 아이스크림까지 로봇이 먹어 치우면 우리는 더 편하게 살 수 있겠네!"

"그럼 다음에는 어디로 가나요, 마리엘?"

지후가 말머리를 돌렸어요.

"다음 목적지는 '디지털 시각의 세계'라는 곳이에요. 인공지능이 사진이나 동영상을 어떻게 이해하고 분석하는지를 배울 거예요."

지후와 수지는 텍스트 트랜스포머라는 멋진 기술을 직접 체험하고 나서, 인공지능이 보는 세계를 기대했어요.

텍스트 트랜스포머=T2T

컴퓨터가 사용하는 언어는 사람의 언어와 달라 문장을 이해하기 어려워요. 텍스트 트랜스포머는 컴퓨터가 여러분의 문장을 이해하고 해석하는 데 도움을 주는 기술이에요.

텍스트 트랜스포머가 어떻게 작동하는지 살펴볼까요?

1. 텍스트 트랜스포머는 "오늘은 맑은 날씨입니다."라는 문장을 주면, 이 문장을 읽습니다.
2. 텍스트 트랜스포머는 이 문장에서 "오늘", "맑은", "날씨"라는 단어와 그들이 어떻게 함께 연결되는지를 파악합니다.
3. 이해한 내용을 바탕으로 "오늘은 맑은 날씨입니다. 따라서, 외출하기 좋은 날입니다."와 같은 새로운 이야기를 만들어낼 수 있습니다.

텍스트 트랜스포머는 컴퓨터와 사람 사이의 의사소통을 도와줍니다. 이를 통해, 컴퓨터는 여러분의 질문에 대답하거나, 새로운 이야기를 만들어내거나, 심지어는 글쓰기를 도와줄 수 있습니다.

셀프 어텐션

책을 읽거나 누군가와 대화할 때를 떠올려 보세요. 몇 가지 단어들은 이야기에서 중요한 역할을 하지만, 다른 단어들은 그렇지 않죠. 셀프 어텐션은 바로 이런 말들의 관계를 컴퓨터가 이해하게 해 주는 기술입니다.

셀프 어텐션이 어떻게 작동하는지 살펴볼까요?

1. 셀프 어텐션은 여러분이 쓴 문장을 읽습니다. 예를 들어, "고양이가 생선을 물고 달아났습니다."라는 문장을 주면, 셀프 어텐션은 이 문장을 이해하려고 노력합니다.
2. 셀프 어텐션은 문장에 있는 각 단어가 얼마나 중요한지 판단합니다. 이 문장에서 "고양이", "생선", "물고", "달아났습니다"라는 단어가 중요한 역할을 하는 것을 알 수 있습니다.
3. 그 다음, 셀프 어텐션은 이 중요한 단어들에 집중합니다. "고양이", "생선", "달아났습니다"가 중요한 단어이므로, 이 단어들에 더 많은 주의를 기울입니다.

셀프 어텐션은 컴퓨터가 문장을 더 잘 이해하고 더 빨리 처리할 수 있게 도와주는 기술입니다.

인공지능의 눈, 컴퓨터 비전

디지털 도서관 옆에는 거대한 돔 모양의 건물이 있었어요. 그곳은 '디지털 시각의 세계'라고 쓰여 있었고, 안에 들어가 보니 정말로 흥미롭고 넓은 공간이 펼쳐져 있었어요. 독특한 의자와 테이블이 가득했고, 아름다운 그림과 동영상이 계속 바뀌며 투사되어 있었어요. 그려진 그림들이 마치 빛처럼 반짝이며 공간을 가득 채우고 있었고, 지후와 수지가 움직일 때마다 그림들이 따라 움직이는 것처럼 보였어요.

이 곳은 사진과 동영상을 분석하는 컴퓨터의 세계였어요. 마리엘은 크고 투명한 스크린을 띄웠어요. 그 스크린에는 컴퓨터와 인공지능 에이전트가 이미지를 어떻게 이해하는지에 대한 이야기가 담겨 있었어요. 수지는 호기심이 넘쳐 스크린 앞에 다가갔고, 지후도 곁에서 집중하며 스크린을 바라보았어요.

그러던 중, 마리엘이 동영상을 보여 주었어요. 그 동영상에는 대

 한민국의 유명 축구 선수 '손흥민'이 나왔어요. 그는 상대팀 선수들로부터 집중적으로 견제를 받고 있었어요.
 "이 동영상에서 '손흥민' 선수가 어떻게 움직이면 좋을지 인공지능이 알려줄 수 있어요."
 마리엘이 설명하며 말했어요.
 동영상에서는 인공지능 에이전트가 '손흥민' 선수의 움직임과 상대팀의 수비 패턴을 분석하고, 어떤 움직임이 가장 좋을지 제안하고 있었어요. 그리고 실제로 '손흥민' 선수가 그대로 움직이며, 상대 선수들을 거침없이 넘어가는 모습이 나왔어요.

"마리엘, 인공지능 에이전트가 어떻게 선수들의 움직임을 정확하게 알 수 있을까요?"

수지의 질문에 지후도 공감하며, 마리엘의 대답을 기다리고 있었어요.

마리엘은 간단히 설명해 주었어요.

"컴퓨터는 사진을 이해하기 위해 '합성곱 신경망(CNN)'이라는 특별한 기술을 써요. 이 기술은 사진을 작은 격자로 나누어 각 격자 안의 픽셀들을 분석해요. 이렇게 하면 사진 속 물체의 모양이나 색깔, 위치 등을 정확히 알아낼 수 있어요."

마리엘은 다른 사진을 가져왔어요.

"합성곱 신경망은 이 사진에서 강아지의 꼬리나 고양이의 귀 같은 부분을 잘 찾아내어, 강아지와 고양이를 구분해내요. 하지만 '강아지나 고양이가 노는 상황'에 대해서는 알아내지 못한다는 단점

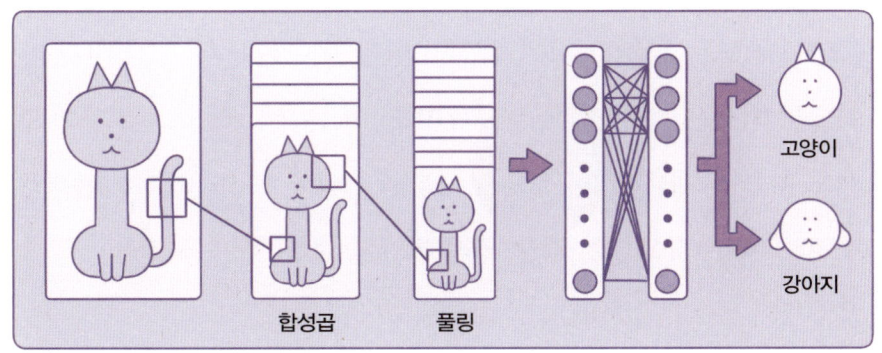

이 있어요."

"고양이와 개가 함께 어울리는 모습은 읽어내지 못한다고요?"

"그렇다면 축구 경기에서 개별 선수들을 알아내면서 동시에 상대 팀의 움직임까지 어떻게 알아내나요?"

마리엘은 미소를 지으며 대답했어요.

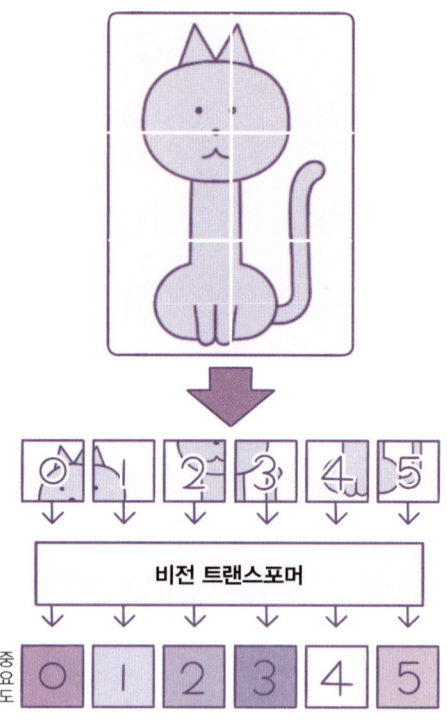

"'비전 트랜스포머(ViT)'라는 새로운 기술을 사용하면 돼요. 이 기술은 이미지를 여러 부분으로 나눈 다음, 각 부분들이 전체적으로 어떻게 연결되어 있는지 분석해요. 그래서 '강아지가 고양이와 노는 상황' 같은 전체적인 상황을 이해할 수 있답니다. 이 기술의 핵심은 '어텐션' 메커니즘인데요, 이는 '텍스트 트랜스포머'에서도 사용된 개념입니다."

"이런 멋진 기술들이 축구 경기 외에도 다른 곳에도 쓰이고 있나요?"

지후가 즐거운 표정으로 마리엘에게 물었어요. 마리엘은 화면에 의료 이미지 분석, 자율 주행 자동차의 주변 인식, 보안 감시 등 다양한 분야에서 컴퓨터 비전이 어떻게 활용되는지 보여 주었어요. 그러면서 덧붙였어요.

"이 기술은 어디에나 사용될 수 있어요!"

지후는 그 모든 것을 보며 놀라워했어요.

이후 마리엘은 둘을 디지털 시각 실험실로 안내했어요. 그곳에서 수지와 지후는 물건 찾기 게임을 했어요.

먼저 마리엘은 그들에게 작품 번호를 찾는 미션을 주었어요. 그

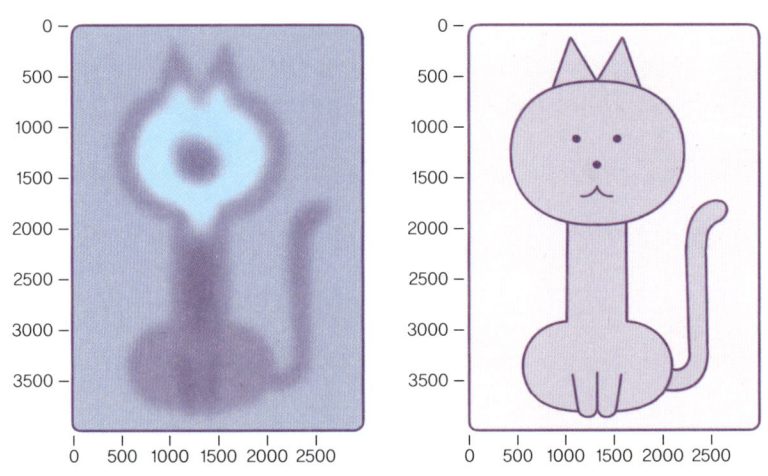

비전 트랜스포머가 '고양이'를 인식하기 위해
중요하다고 인식한 픽셀 영역

런데 이 번호는 빛과 그림자를 이용해서 숨겨져 있었어요. 그래서 마리엘은 수지에게 가상 돋보기를 주었어요.

"이 돋보기는 디지털 환경에서 이미지의 특정 부분을 확대해서 볼 수 있도록 도와주는 도구입니다. 이는 매우 세밀한 부분까지 볼 수 있게 해주어서, 세부적인 이미지 분석에 큰 도움을 줍니다."

돋보기로 그림을 확대해서 보니, 그림자에 숨겨진 숫자가 보였어요! 그 숫자가 바로 그들이 찾던 작품 번호였어요. 수지와 지후는 게임을 하면서 인공지능이 물건을 '보는' 방법을 직접 체험했어요. 둘은 점점 자신감이 커졌어요.

"마리엘, 인공지능과 함께라면 뭐든 찾을 수 있겠어요! 자, 다음 미션은 뭐죠?"

"다음 미션은 도서관에서 책을 찾는 거예요. 저를 따라 오세요."

그들은 많은 책들이 있는 도서관으로 가서 미션을 시작했어요. 하지만, 도서관에는 너무 책이 많았죠. 그래서 지후가 마리엘에게 물었어요.

"마리엘, 도서관에 너무 많은 책이 있는데 어떻게 책을 찾을 수 있을까요?"

마리엘은 확신에 찬 목소리로 대답했어요.

"카메라가 도와줄 거예요. 카메라로 책들을 보면, 컴퓨터 비전 기술이 제목을 읽어내서 책을 찾아줄 거예요!"

지후는 카메라로 책장을 살펴보기 시작했어요.

"마리엘, 카메라로 책장을 살펴보면서 제목을 찾는 건가요?"

마리엘은 웃으며 대답했어요.

"네, 카메라가 제목을 하나씩 읽으면서 '컴퓨터 비전의 미래'라는 제목의 책을 찾아줄 거예요."

"지후야, 카메라를 책장과 같은 높이에 두면 더 잘 볼 수 있을 것 같아."

"그래, 수지. 이렇게 맞춰보는 거야?"

지후는 수지의 말에 따라 카메라를 조절 했어요.

"발견했어요! '컴퓨터 비전의 미래'라는 책이 여기 있어요. 카메라를 조금 왼쪽으로 움직여 주세요."

마리엘이 기쁜 목소리로 말했어요.

"정말이에요?"

지후는 마리엘이 가리킨 방향으로 카메라를 움직였어요. 그래서 그들은 '컴퓨터 비전의 미래'라는 책을 성공적으로 찾아냈어요. 이 미션을 해결하고 나서, 그들은 다음 단계로 나아갈 수 있었어요.

"다음에는 인공지능 에이전트가 우리의 창의력에 어떤 도움을 줄 수 있는지 알아볼 거예요. 미술 같은 창의적인 분야에서, 인공지능이 어떤 놀라운 일을 할 수 있는지 함께 살펴보아요."

합성곱 신경망 =CNN

합성곱 신경망은 사람이 눈으로 보는 것처럼, 컴퓨터가 이미지나 동영상을 보고 이해할 수 있게 해 주는 기술입니다. 사진 속에서 얼굴, 눈, 코, 입처럼 특별한 부분을 찾아서 이 사진이 무엇인지 알아낼 수 있습니다.

합성곱 신경망이 어떻게 작동하는지 살펴볼까요?

1. 합성곱 신경망은 이미지의 다양한 부분에서 특징을 찾아냅니다. 예를 들면 선이나 모양, 색깔 등이 있습니다.
2. 이미지에서 특징을 찾기 위해 여러 계층을 거칩니다.
   ① 이미지를 작은 조각으로 나눕니다.
   ② 작은 조각에 필터라고 하는 도구를 적용합니다. 필터는 특징을 찾는 데 도움을 주는 역할을 합니다.
   ③ 이미지에서 찾은 특징들을 여러 가지 찾아내고, 특징을 조합해 어떤 사물인지 판단합니다.

합성곱 신경망은 컴퓨터가 사람처럼 이미지를 이해할 수 있도록 도와줍니다. 이런 방식을 사용해 이미지 분류, 자율 주행차, 얼굴 인식, 게임 등 다양한 인공지능 분야에 사용됩니다.

비전 트랜스포머 =ViT

　비전 트랜스포머는 이미지를 이해하고 분석하는 데 사용되는 기술입니다. 합성곱 신경망과 달리 어텐션 메커니즘을 활용하여 이미지의 특징을 파악합니다. 어텐션은 중요한 부분에 집중하고 다른 부분을 무시하는 메커니즘으로, 이미지 내에서 특정한 부분에 주목하여 이미지의 의미를 이해하는 데 도움을 줍니다.

비전 트랜스포머가 어떻게 작동하는지 살펴볼까요?
1. 이미지를 작은 조각으로 나누고, 각 조각에 번호를 매깁니다.
2. 조각을 사용해 이미지의 특징을 알아내거나 패턴을 찾습니다.
3. 조각들의 정보를 활용해 중요한 것을 찾고, 관계를 알아냅니다. 이를 통해 전체 이미지에 대한 이해를 높일 수 있습니다.

　비전 트랜스포머는 이미지의 특징을 추출하고, 그 정보를 사용해 어떤 사물이 무엇인지 알아내거나, 이미지에 그림을 그리는 등 다양한 작업을 할 수 있습니다.

내일의
인공지능

예술의 세계

수지와 지후, 그리고 마리엘은 끝없이 펼쳐진 화려한 아트 갤러리로 발걸음을 옮겼어요. 바닥은 반짝반짝 빛났고, 하얀 벽이 높이 솟아있었어요. 곳곳엔 멋진 그림들이 걸려 있었는데, 그림마다 자신만의 빛을 발하며 갤러리를 더욱 즐거운 공간으로 만들어 주었어요. 갤러리 가운데에는 마치 별이 반짝이는 것 같은 홀로그램이 떠 있었어요. 복잡하면서도 아름다운 모양은 반짝이는 구슬들로 이루어져 있었어요. 그리고 놀랍게도 이 모든 작품들은 인공지능 에이전트가 만들어낸 것이었지요.

"마리엘, 이곳은 어떤 곳인가요?"

지후가 물었어요. 마리엘은 웃으며 대답했어요.

"이곳은 인공지능 에이전트가 만든 예술 작품들이 전시되는 곳입니다. 인공지능 에이전트는 과거에 유명했던 화가들의 작품 스타일을 배워서, 완벽히 새로운 작품을 만들어낼 수 있어요."

갤러리를 구경하며 지후가 마리엘에게 물었어요.

"마리엘, 이 모든 그림들을 정말로 인공지능 에이전트가 그린 거예요?"

마리엘은 미소지으며 대답했어요.

"그래요, 지후. 지금 보고 있는 이 모든 그림들, 모두 인공지능 에이전트가 그렸어요. 인공지능 에이전트는 사람들의 얼굴, 색상, 모양 등을 배워 이렇게 멋진 작품을 만들어낼 수 있어요!"

"우와, 인공지능 에이전트가 화가들의 그림 스타일을 배우고 새로운 작품을 만들다니!"

수지가 감탄을 하며 입을 살짝 열었어요.

"마리엘, 인공지능 에이전트가 어떻게 예술에 사용되는지 더 자세히 알려 주세요."

지후의 질문에 마리엘은 미소를 지으며 대답했어요.

"인공지능 에이전트는 과거의 예술 작품들을 학습하고, 그 기법과 스타일을 새롭게 해석해서 전혀 다른, 독특한 작품을 만들어내는 데 도움을 준답니다."

수지는 호기심이 가득 찬 목소리로 말했어요.

"그럼 앞으로 어떤 그림들이 나올까요?"

마리엘은 화면을 가리키며 말했어요.

"수지, 이 화면을 봐요. 여기 보이는 그림들은 모두 인공지능 에이전트가 만든 거예요. 화가들의 스타일을 새롭게 해석해서 만든 그림들이 계속해서 나오고 있어요. 다양한 스타일과 기법을 섞어서 독특하고 창조적인 작품을 만들어내는 거죠."

지후와 수지는 놀란 표정으로 주변을 둘러보았어요. 그들 앞에 펼쳐진 건 바로 인공지능 에이전트가 창조한 예술의 새로운 세상이었어요. 그들은 인공지능 에이전트가 예술적 역량까지 발휘할 수 있다는 걸 처음으로 깨달았죠.

"마리엘, 인공지능 에이전트가 처음 그림을 그렸을 때는 어땠나요? 처음부터 그림을 잘 그렸나요?"

지후가 호기심을 드러내며 물었어요. 마리엘은 웃으며 대답했어요.

"처음에는 인공지능 에이전트가 사람이 그린 그림을 본떠서 그렸어요. 하지만 그림이 항상 완벽하게 그려지진 않았죠."

"그럼 어떻게 더 잘 그리게 됐어요?"

"인공지능 에이전트가 **생성적 적대 신경망(GAN)**이라는 기술을 사용하게 되었어요. 이 기술을 사용하면 한 인공지능 에이전트가 그림을 그리고, 다른 인공지능 에이전트가 그 그림이 얼마나 잘 그려졌는지 판단해요. 그러면 그림을 그리는 인공지능 에이전트는 더 잘 그릴 수 있게 되는 거죠."

"그림 그리는 인공지능은 점점 더 똑똑해진다는 거군요?"

수지가 놀랍다는 듯이 물었어요.

"맞아요. 인공지능 에이전트는 이제 그림의 일부를 바꿔 보거나, 특정한 스타일로 그림을 그릴 수 있답니다. '웃는 고양이를 그려줘'라고 말하면, 웃는 고양이 그림을 그려줄 수 있어요."

"인공지능 에이전트가 고흐나 모네처럼 유명한 화가들의 그림을 그릴 수 있을까요?"

마리엘은 지후에게 대답했어요.

"네, 인공지능 에이전트는 그림의 스타일을 학습할 수 있어요. 고흐의 화려한 색채와 풍부한 붓터치, 모네의 미묘한 빛과 그림자를 배울 수 있죠."

"그럼 인공지능 에이전트가 그림을 그릴 때는 어떻게 하나요?"

마리엘은 지후에게 자세히 설명해 주었어요.

"인공지능 에이전트는 많은 그림을 보고 그림의 스타일을 배웁니다. 그런 다음 그 스타일을 다른 그림에 적용해서 새로운 그림을 그려요."

"인공지능 에이전트가 원하는 스타일로 그림을 그릴 수 있다는 거군요!"

수지가 놀란 표정으로 말했어요.

"마리엘, 그럼 완전히 다른 두 그림을 합칠 수도 있나요?"

지후의 또 다른 질문에 마리엘은 친절하게 설명해주었어요.

"두 그림을 잘 살펴보고, 어떤 부분이 잘 어울릴지 생각해야 해요. 만약 파도 그림과 산행길 그림을 합친다고 한다면, '파도' 그림에서 파도 부분을 잘라서 '산행길' 그림에 어울리게 붙여보면 되겠네요. 그림의 색상이나 빛을 조정해서 두 그림이 하나의 그림처럼 보이도록 조정해 보세요."

지후는 눈이 휘둥그레지며 말했어요.

"와, 복잡한 과정이군요! 그런데, 만약 내 얼굴을 슈퍼맨의 몸에 붙이면, 나도 슈퍼 히어로가 될 수 있을까요?"

마리엘은 웃으며 대답했어요.

"그럴 수도 있겠지만, 먼저 슈퍼맨에게 허락을 받아야겠죠."

"지후야, 슈퍼맨은 이미 있잖아. 지후맨은 굳이 필요 없을 것 같아. 너는 그냥 지후로 있어 주면 돼."

마리엘이 다음 모험에 대해 이야기했어요.

"로봇 경기장에서 전국 초등생 로봇 경연 대회가 열리고 있어요. 우리도 열심히 준비해서 도전해 볼까요?"

두 친구의 얼굴에는 밝은 미소가 가득했어요.

"좋아요, 마리엘!"

생성적 적대 신경망 =GAN

생성적 적대 신경망은 컴퓨터가 스스로 그림을 그리거나, 사진을 만들거나, 심지어는 새로운 패션 디자인을 제안하는 것처럼 창조적인 작품을 만들 수 있게 해 주는 기술입니다.

생성적 적대 신경망이 어떻게 작동하는지 살펴볼까요?
1. 생성적 적대 신경망은 '생성자'와 '감별자'로 이루어져 있습니다. '생성자'는 새로운 이미지를 만들어내고, '감별자'는 이 이미지가 진짜인지 가짜인지 판단합니다.
2. '생성자'는 무작위로 새로운 이미지를 만들어냅니다.
3. '감별자'는 이미지를 보고 진짜인지 가짜인지 판단합니다.
4. 이 과정이 반복될수록, '생성자'는 더 실제 같은 이미지를 만들어내게 됩니다. 그리고 '감별자'는 점점 더 정확하게 가짜와 진짜를 구별하게 됩니다. 이런 경쟁 과정을 통해, 결국 '생성자'는 매우 실제 같은 이미지를 만들어낼 수 있게 됩니다.

생성적 적대 신경망 덕분에 컴퓨터는 새로운 이미지를 만들어내거나, 아이디어를 시각화하는 데 도움을 줄 수 있습니다. 이런 기술은 그림, 음악, 패션, 건축 등 다양한 분야에서 도움을 줄 수 있습니다.

로보틱스

지후와 수지가 서 있는 곳은 마치 큰 전자 회로판이 펼쳐진 듯 보였어요. 무지개색 선들이 복잡하게 얽혀 있어, 경주장의 신나는 분위기를 더욱 잘 느낄 수 있었어요.

마리엘이 투명한 화면을 들고 나타났어요. 그 화면에는 로봇 경연 대회에 대한 여러 가지 정보가 적혀 있었어요. 수지가 지후의 옆구리를 쿡 찌르며 말했어요.

"너는 로봇 경연 대회에서 어떤 로봇을 선택할 거야? 나는 힘이 센 네 발 로봇을 생각하고 있어!"

지후가 옆구리를 매만지며 말했어요.

"나는 바퀴 달린 자율 주행 로봇을 생각하고 있어. 이번 대회에서는 반드시 우승하려고 해!"

그들이 로봇에 대한 이야기를 나누며 경기장으로 걸어가는 도중, 마리엘이 멋진 로봇 전문가로 변신해 나타났어요.

"로봇은 다양한 센서를 사용하여 주변 환경을 감지하고 정보를 수집해요. 초음파 거리 센서나 적외선 센서, 카메라 같은 것들이 로봇이 주위를 알아보고 상황에 맞게 움직일 수 있게 도와주지요."

"우리가 직접 로봇을 만들 수 있을까요?"

마리엘이 자신감 있게 대답했어요.

"그럼요. 여러분이 어떤 로봇을 만들고 싶은지 상상해 보세요. 필요한 부품이나 재료는 모두 제가 준비해 줄게요."

로봇 만들기에 열중하던 중, 지후는 갑자기 질문을 던졌어요.

"로봇들이 혼자서 움직이고 판단하는 법을 배울 수 있을까요?"

마리엘은 담담한 미소로 대답했어요.

"네. 인공지능 알고리즘을 사용하면, 로봇이 자신이 겪는 상황을 분석하고 새로운 상황에 더 잘 대응할 수 있게 될 거예요."

마리엘의 설명에 기대감이 부푼 지후와 수지는 각자의 로봇에 넣고 싶은 알고리즘을 이야기했어요. 로봇들이 어려운 경로를 통과하고, 물을 건너는 도전을 성공하도록 프로그래밍하고자 했죠. 둘은 마리엘에게 의견을 물었어요.

"좋아요. 로봇이 이런 어려운 경로도 잘 지나갈 수 있도록 만들면 좋겠어요. 그러면 우승은 문제 없어요."

마리엘이 웃으며 말했어요. 수지와 지후는 본격적으로 로봇을 훈

련시키기로 했어요.

"로봇을 어떻게 가르쳐야 할지 모르겠어요."

지후가 조심스럽게 말했어요. 그러자 마리엘은 웃으며 대답했어요.

"로봇이 주변을 잘 알게 하여, 그걸 기반으로 어떻게 움직일지 알려 줘야 해요. 예를 들어, 로봇이 벽에 부딪히면, 다음 번에는 벽을 피하도록 가르쳐 줘야 해요."

지후와 수지는 마리엘의 말대로 학습을 시켰어요. 그러자 로봇은 날렵하게 장애물을 피하게 되었죠.

"우리 로봇들이 점점 똑똑해지겠네요!"

지후가 이야기하면서 머리를 끄덕였어요.

"맞아요, 지후. 여러분이 가르쳐주면 로봇은 계속 배우고, 점점 더 잘할 거예요."

드디어 대회 날이 왔어요. 수지와 지후는 열심히 준비한 로봇을 가지고 경기장으로 달려갔어요. 다른 참가자들의 로봇들이 모인 경기장은 무지개처럼 화려한 색깔로 가득 찼어요. 특히 수지와 지후의 로봇이 좀 다르게 보였어요. 그들의 로봇은 서로 정보를 나누며, 마치 진짜 친구처럼 도울 수 있었죠.

"이제 첫 번째 미션이야. 우리 로봇들이 잘 할 수 있을까?"

수지가 장애물 코스를 바라보며 두근거리는 마음으로 말했어요.

"맞아, 수지야. 우리가 열심히 준비했으니까, 잘 하겠지."

지후도 조금은 떨리는 목소리로 대답했어요.

첫 번째 경기에서 그들의 로봇들은 서로를 도와가며 장애물들을 멋지게 넘어갔어요. 하지만 그들 앞에는 다른 영재학교의 로봇들이 강력한 상대로 대기하고 있었어요.

"결승전에서는 어떤 장애물이 우리를 기다리고 있을까?"

드디어 결승전이 시작되었어요. 지후의 얼굴에는 걱정이 가득했어요.

"마리엘, 로봇이 가파른 오르막길을 올라갈 수 있을까요?"

하지만 마리엘은 지후에게 미소 지으며 대답했어요.

"걱정하지 마세요, 우리 로봇은 오르막길을 잘 분석해서 올라갈 수 있을 거예요."

마지막 경기는 긴장감 넘치는 순간들의 연속이었어요. 수지와 지후는 손을 꼭 잡고, 로봇들이 마지막 장애물을 극복하는 모습을 지켜봤어요. 그리고 마침내 그들의 로봇들이 영재학교의 로봇들을 따라잡았어요. 로봇들이 마지막 결승선을 향해 달려가는 모습에 수지와 지후는 너무나도 기뻐서 뛰었어요.

대회의 마지막 시상식은 마치 꿈같았어요. 심판들이 수지와 지후

의 팀과 영재학교의 팀을 공동 우승자로 발표했을 때, 경기장은 환호성과 박수 소리로 가득 찼어요. 수지와 지후는 뿌듯한 미소를 짓고 상을 받았어요. 영재학교의 친구들도 수지와 지후의 능력을 칭찬하며 축하의 말을 전했어요.

"오늘 우승한 것보다 체험을 통해 배운 것이 더 중요해요. 여러분은 로봇이 어떻게 문제를 해결하는지 배웠어요. 그런 경험은 우리 일상에도 도움이 될 거고, 미래를 더 흥미진진하게 만들 거에요."

"그래요. 우리는 계속해서 더 나아가려고 노력할 거예요. 그게 가장 중요하니까!"

지후는 마리엘의 말에 웃으면서 화답했어요. 수지와 지후는 로봇과 인공지능 에이전트가 어떻게 팀으로 일하고, 어려운 문제들을 어떻게 푸는지 배울 수 있었어요. 그뿐만 아니라, 로봇이 어떻게 스스로 생각하고, 자신만의 결정을 내리는지 볼 수 있었어요.

"다음 모험에서는 의료와 신약 개발에서 인공지능 에이전트가 어떻게 도움을 줄 수 있는지 알아볼 거예요. 이번에는 우리가 지금까지 배운 모든 인공지능 에이전트가 한꺼번에 등장합니다."

그들은 새로운 모험을 기대하며 다음 도전을 준비했어요.

로보틱스 =Robotics

　로보틱스는 로봇 기술과 인공지능을 활용하여 다양한 일을 할 수 있는 기술입니다. 방 청소나 게임, 간식 만들기 등 사람이 하는 다양한 일을 할 수 있어요.

로보틱스가 어떻게 작동하는지 살펴볼까요?

1. 로봇 공학자들은 다양한 업무를 수행하는 로봇을 설계하고 만들어요. 로봇의 생김새와 움직임을 고민하며, 마치 이야기나 게임 속 캐릭터를 만드는 것처럼요.
2. 로봇 공학자들은 모터, 센서, 컴퓨터 칩과 같은 부품으로 로봇의 몸체를 만들고 움직이게 해요.
3. 컴퓨터 프로그램을 사용하여 로봇에게 "두뇌"를 부여해요. 로봇은 이 두뇌를 통해 생각하고 배울 수 있어요.
4. 로봇이 완성되고 프로그래밍되면, 설계된 업무를 수행할 수 있어요.
5. 로봇이 배우고 연습할수록 주변 세상을 더 잘 이해하고 업무를 능숙하게 수행해요.

　로보틱스는 사람의 일상 생활과 산업 분야에서 일어나는 다양한 작업들을 하면서 우리의 삶을 더 재미있고 편리하게 만들어 줍니다.

로봇의 강화 학습

강화 학습은 기계 학습 중 한 가지 학습 방법이에요. 로봇이 시행착오를 통해 스스로 학습하는 기술입니다. 좋은 결과를 받으면 상을, 나쁜 결과를 받으면 벌을 받기 때문에, 보상을 많이 받을 수 있는 더 나은 행동을 하며 스스로를 '강화'하는 방법을 배웁니다.

강화 학습이 어떻게 작동하는지 살펴볼까요?
1. 로봇은 환경을 탐색해요. 방을 청소한다면, 방의 크기, 가구와 장애물의 위치를 확인해요.
2. 그 후, 로봇은 다양한 행동을 시도해요. 어떻게 청소를 시작하고, 어떤 경로를 따라가고, 어떤 장애물을 피할지 결정해요.
3. 각 행동을 한 뒤에 로봇은 어떤 행동이 더 효율적이었는지, 어떤 행동이 장애물에 부딪혔는지 평가해요. 이를 통해 더 나은 행동을 학습해요.

강화 학습을 반복하면서, 로봇은 어떤 행동이 더 효율적이고 효과적인지 배워요. 그래서 점점 더 똑똑해지지요. 이 학습 방법을 통해 다양한 일을 로봇 스스로 배우고 해결할 수 있어요.

의료, 신약 개발

　수지, 지후, 그리고 마리엘은 '디지털 의료 센터'에 방문했어요. 이곳은 아름다운 그림 전시관과 활기찬 중앙 공원 사이에 위치해 있었어요. 센터 안에는 다양한 컴퓨터들이 있었는데, 이들은 사람들이 어디가 아픈지, 그리고 그런 병을 어떻게 치료할 수 있는지에 대한 많은 정보를 가지고 있었어요. 마리엘은 투명한 컴퓨터 화면을 들고 있었어요. 그 화면에는 인공지능이 사람들의 병을 파악하고 새로운 약을 만드는 방법이 적혀 있었어요.

　"이번에는 인공지능이 어떻게 사람의 병을 이해하고 새로운 약을 만드는 데 도움을 주는지 알아볼 거예요."

　마리엘이 말했어요. 수지는 눈을 크게 뜨고 마리엘을 보았어요.

　"정말 그런 것이 가능한가요?"

　그녀의 목소리는 놀람과 호기심으로 가득 찼어요. 마리엘은 웃으며 대답했어요.

"그럼요, 인공지능이 어떻게 그런 일을 하는지 함께 알아보자구요. 그럼, 병원에서 쓰는 '언어'에 대해 이야기해 볼까요?"

마리엘이 제안했어요.

"환자의 증상, 병의 진단, 그리고 치료법에 대한 모든 것은 말, 즉 언어를 기초로 이루어져요."

수지가 웃으며 말했어요.

"마리엘, 인공지능이 이 모든 언어를 이해해서 복잡한 병에 대해 알아내는 과정은 마치 큰 퍼즐을 맞추는 것 같네요!"

"맞아요!"

마리엘이 웃으며 대답했어요.

"병에 대한 정보는 많고 복잡하지만, 그 중요한 부분을 찾아내는 것은 정말로 큰 퍼즐을 맞추는 것과 비슷해요."

그러자 지후가 궁금해하며 물었어요.

"그럼 마리엘, 인공지능은 어떻게 그런 큰 퍼즐을 풀 수 있어요?"

마리엘이 설명했어요.

"인공지능은 사람들의 증상을 잘 이해해요. 인공지능은 병원에서 쓰는 언어를 이해하고 분석할 수 있는 특별한 능력이 있어요. 그래서 병원의 기록, 책, 심지어 환자가 어떻게 아픈지 이야기하는 것에서도 중요한 정보를 찾아낼 수 있답니다."

"혹시 텍스트 트랜스포머같은 인공지능이 해내는 일인가요?"

마리엘이 친근하게 대답했어요.

"맞아요, 그런 정보들은 의사 선생님들이 가장 좋은 치료법을 찾을 수 있도록 인공지능 에이전트가 도움을 주는 거예요. 또한, 이런 정보는 새로운 약을 만드는데도 큰 도움이 돼요."

"그러니까, 사람들이 건강을 잘 지킬 수 있게 도와주는 거네!"

지후가 반짝이는 눈으로 말했어요.

"맞아요. 인공지능은 우리가 건강을 잘 지킬 수 있게 도와주고, 미래의 의료 분야에서는 더 중요한 역할을 하게 될 거예요."

마리엘이 웃으며 대답했어요.

"그럼, 마리엘! 우리가 병원에서 찍는 엑스레이(X-ray), 엠알아이(MRI)같은 사진이나 영상 데이터도 인공지능이 처리할 수 있어요?"

지후의 질문을 듣고 마리엘이 눈을 반짝이며 대답했어요.

"인공지능 에이전트는 그런 자료들을 잘 살펴보고, 무슨 병인지, 무슨 문제가 있는지 찾아내는 데 도움이 줄 수 있어요."

"앞에서 배운 컴퓨터 비전 인공지능이 하는 일……?"

지후가 기억을 더듬어 어렵게 생각해냈어요.

마리엘이 웃으며 대답했어요.

"바로 그거예요. '컴퓨터 비전'. 컴퓨터에게 사진이나 동영상을 '보

게' 하면, 그 안에 있는 패턴이나 모양을 알아내는 인공지능 에이전트가 엑스레이(x-ray) 등 사진으로 병을 찾는 데 도움을 줘요."

"복잡한 그림을 보면 어떤 좋은 점이 있나요, 마리엘?"

수지가 더 궁금해하며 물었어요. 마리엘은 친절하게 대답했어요.

"인공지능 에이전트가 의료 이미지를 보면, 의사 선생님들이 직접 보는 것보다 더 빠르고 정확하게 병을 찾아낼 수 있어요. 사진에 나타난 아주 작은 병도 놓치지 않고 찾아낼 수 있어요. 그러니까, 병을 더 정확하게 찾고, 더 빨리 치료를 시작할 수 있겠죠."

"마리엘, 앞에서 인공지능이 약을 만드는 데도 도움이 된다고 했는데, 그게 어떻게 가능한가요?"

마리엘은 미소 지으며 대답했어요.

"인공지능 에이전트는 많은 정보를 분석할 수 있는 '딥러닝'이라는 기능을 사용해요. 이걸로 화학 물질이나 생물학적 정보, 심지어는 진료 결과도 빠르게 분석해서, 새로운 약을 만드는 데 도움을 줄 수 있어요."

"그럼 마리엘, 인공지능 에이전트가 약을 만드는데 어떻게 도움이 되는 거예요?"

마리엘은 확신에 찬 목소리로 대답했어요.

"인공지능 에이전트는 마치 요리사가 가장 맛있는 음식을 만들 수 있는 최고의 조합을 찾아내는 것처럼, 약물 성분들 중에서 가장 좋은 효과를 내는 조합을 찾아내는 데 도움을 줄 수 있어요. 그리고 그런 일을 하는데 필요한 시간이나 비용을 줄여줘요!"

이런 설명을 듣고 지후는 눈을 반짝이며 물었어요.

"그럼 마리엘, 인공지능 에이전트가 사진을 보고 병을 찾을 수 있다면, 우리의 유전자를 '보는' 것도 가능한 건가요?"

"네. 유전자 정보는 엄청나게 많고 복잡한데, 이런 거대한 정보를 모두 이해하려면 많은 시간과 노력이 필요해요. 그래서 이런 정보를 다루기 위해 인공지능 에이전트가 쓰여요. 이것을 이용하면, 방대한 유전 정보를 빠르게 정확하게 분석하고, 특정 병과 관련된 유전적 패턴을 찾아낼 수 있어요. 그 정보를 활용하면, 개개인의 유전적 특성에 따른 가장 좋은 치료법을 찾는 데 큰 도움이 된답니다."

"그럼, 실제로 어떤 경우에 이런 기술이 쓰이는 건가요?"

수지의 질문에 마리엘은 눈에 활력을 띠며 대답했어요.

"아주 다양해요. 예를 들어, 유전자 분석은 암 연구에서 매우 중요해요. 인공지능 에이전트를 이용한 유전자 분석을 통해, 우리는 암세포가 생기는 데 관여하는 특정 유전자의 변화를 찾아낼 수 있어요. 또한 이런 기술은 희귀병 진단에도 도움을 줄 수 있어요. 특정 희귀병이 유전적 요인에 의해 발생하는 경우, 이것을 이용한 유전자 분석으로 해당 유전자의 이상을 찾아낼 수 있거든요."

"인공지능 에이전트는 미래에 생길 수 있는 개인들의 질병을 미리 예측할 수 있나요?"

지후는 기대감을 갖고 질문했어요.

"예를 들어 볼게요. 인공지능 에이전트가 '당뇨병이나 심장 질환 같은 병을 예방하는 도구'로서 일을 할 수 있어요. 개개인의 건강 기록과 취미, 심지어 운동량까지 고려하여 앞으로 발생할 수 있는 병을 예측해 줄 수 있어요. 이런 정보를 바탕으로 의사 선생님이 미리 병을 막을 수 있는 방법을 찾는 거지요."

지후가 장난스럽게 웃으며 말했어요.

"마리엘, 아이스크림을 좋아하는 내 유전자를 찾아주면 어떨까요? 나는 아이스크림이 너무 좋아서, 하루에도 여러 번 먹고 싶거든요!"

모두가 웃음을 터뜨렸어요. 잠시 후, 마리엘은 조금 더 진지한 얼굴로 이야기를 계속했어요.

"인공지능 에이전트가 이렇게 많은 일을 할 수 있다면, 그것을 다루는 방법에 대한 규칙도 있어야 하지 않을까요? 그래서 우리는 '인공지능 윤리'에 대해 얘기하려고 해요."

지후와 수지가 서로 눈을 보고 궁금해하는 표정을 지었습니다.

"인공지능 윤리? 그게 뭔데요, 마리엘?"

"좋은 질문이에요. 인공지능 윤리란 인공지능이 어떻게 행동해야 하는지, 무엇이 좋고 나쁜지에 대한 규칙을 정하는 것이에요. 예를 들면, 인공지능이 사람들의 개인 정보를 어떻게 다루어야 하는지, 모든 사람을 어떻게 공평하게 대해야 하는지 등을 정하는 거죠."

지후와 수지는 갑자기 인공지능이 무조건 모든 일에 도움이 되는 것만은 아닐 거라는 생각이 들었어요. 그들이 지금까지 배운 것은 인공지능의 일부분일 뿐이니까요. 그들이 아직 배워야 할 것이 많았죠. 그래서 지후와 수지는 인공지능의 도덕적인 부분과 미래에 대해 더 많이 생각해 보기로 했어요.

인공지능 의료 보조 시스템

의료 분야에서 인공지능은 의사들이 환자를 진료하고, 질병을 예방하며, 치료 방안을 결정하는 데 중요한 도구로 활용됩니다.

이러한 시스템은 다음과 같은 과정을 거칩니다.

1. 인공지능은 먼저 환자의 의료 데이터를 수집합니다. 이 데이터에는 환자의 기록, 검사 결과, 생체 신호 등이 포함될 수 있습니다.
2. 이러한 데이터를 기반으로, 인공지능은 환자의 상태를 분석하고, 가능한 질병을 예측합니다. 이를 위해 인공지능은 기계 학습 알고리즘을 사용하여 수많은 데이터 패턴을 학습합니다.
3. 또한 인공지능은 이 데이터를 바탕으로 가장 효과적인 치료 방안을 제안합니다. 예를 들어, 어떤 약물이 환자에게 가장 효과적일지, 또는 어떤 수술 방법이 가장 적절한지 등을 추천할 수 있습니다.
4. 마지막으로, 인공지능은 의사에게 이 정보를 제공하여 의사가 최종 결정을 내릴 수 있게 돕습니다. 이는 의사가 환자의 상태를 더욱 정확하게 이해하고, 더 효과적인 치료 방안을 결정하는 데 도움이 됩니다.

인공지능 의료 보조 시스템은 의료 분야에서 의사의 역량을 확장하고, 환자에게 더 나은 의료 서비스를 제공하는 데 중요한 역할을 합니다. 이런 기술의 발전은 더욱 향상된 의료 서비스를 제공할 수 있게 돕습니다.

인공지능 DNA 건강 예측

사람의 DNA에는 우리의 건강에 관한 많은 정보가 포함되어 있습니다. 인공지능은 이 DNA 정보를 분석하여 건강 문제를 예측할 수 있습니다.

이 과정은 다음과 같습니다.
1. 인공지능은 우리의 DNA 샘플을 분석합니다. 예를 들어, "AATCGGTT…"과 같은 DNA 서열을 받으면, 인공지능은 이 정보를 해독하려고 노력합니다.
2. 인공지능은 DNA 서열에서 각 유전자와 변이의 중요성을 판단합니다. 예를 들어, 특정 유전자 변이는 유전적 질병의 위험을 증가시킬 수 있으며, 다른 유전자 변이는 우리의 체력이나 능력에 영향을 줄 수 있습니다.
3. 그 다음, 인공지능은 이 중요한 유전자와 변이에 초점을 맞춥니다. 만약 특정 유전자 변이가 질병 위험을 증가시키는 것으로 알려져 있다면, 인공지능은 이 유전자 변이에 더 많은 주의를 기울일 것입니다.
4. 인공지능은 이 정보를 바탕으로 건강 예측을 합니다. 예를 들어, 특정 질병에 대한 위험도를 계산하거나, 개인화된 건강 추천을 제시할 수 있습니다.

인공지능 DNA 건강 예측 기술 덕분에, 우리는 개인의 DNA 정보를 통해 건강 문제를 미리 예측하고, 개인에게 딱 맞는 의료 서비스를 제공받을 수 있게 됩니다.

인공지능 윤리

해 질 무렵, 수지와 지후는 판타시티의 큰 공원에서 푸른 나무 그늘 아래 앉아 있었어요. 갑자기 마리엘이 나타났는데, 그녀의 손에는 홀로그램으로 된 책이 있었어요. 마리엘은 현명하고 교훈을 주는 선생님의 모습이었어요. 조금은 엄숙해보이기도 했어요.

수지가 조심스레 물었어요.

"마리엘, 인공지능은 많은 일을 할 수 있어서 정말 멋진 것 같아요. 그런데 우리가 조심해야 할 것도 있을까요?"

"좋은 질문이에요, 수지. 인공지능은 많은 도움을 주지만, 생각해야 할 부분들도 있어요."

마리엘은 개인 정보를 보호해야 한다고 말했어요. 수지가 놀라서 물었어요.

"마리엘, 개인 정보를 잘 지키지 않으면 어떤 일이 생길까요? 그렇게 위험할까요?"

마리엘은 웃으며 대답했어요.

"어떤 앱이 우리의 위치 정보를 많이 모았다가 이것이 잘못된 사람들에게 알려진다면 어떤 일이 생길까요? 우리의 집 주소, 학교 위치, 취미 활동 장소와 같은 것들이 모두 드러날 수 있어요. 이런 정보가 알려지면 안전이 위협을 받을 수 있어요. 이런 일이 일어나지 않게 하려면 개인 정보를 잘 보호해야 해요."

지후가 놀라서 물었어요.

"그럼, 우리는 어떻게 개인 정보를 잘 보호할 수 있을까요?"

마리엘은 지후에게 안심시켜주며 말했어요.

"걱정하지 마세요, 많은 앱 제작자들이 우리의 정보를 잘 보호하려고 노력하고 있어요. 그들은 우리가 어떤 정보를 앱에 제공할지 선택할 수 있게 하고, 그 정보를 안전하게 보관하고 처리하기 위해 다양한 방법을 사용하고 있어요."

그 다음 마리엘은 인공지능이 모든 사람을 공평하게 대해야 한다는 이야기를 했어요.

"인공지능의 편향에 대한 이야기예요. 인공지능이 한 쪽으로 치우칠 수 있다는 말이에요. 인공지능은 데이터를 통해 배우는데, 학습한 데이터에 사람들이 가지고 있는 편견이나 불평등한 생각이 포함되어 있을 수 있거든요. 인공지능이 인종, 성별, 국적 등과 같은 것으로 차별하지 않도록 주의해야 하죠."

지후가 호기심 가득하게 물었어요.

"마리엘, 조금 더 쉽게 설명해줄 수 있을까요?"

마리엘은 생각하더니 쉽게 이해할 수 있는 예를 들어주었어요.

"간단하게 말하자면, 인공지능 장난감이 모든 아이들에게 똑같이 친절해야 한다는 것입니다. 장난감이 소리가 큰 아이들에게만 잘 대답하고, 목소리가 작은 아이들의 말은 잘 안 들어준다면 그건 공정하지 않은 거겠죠."

수지는 두 눈을 반짝이며 물었어요.

"그럼 그런 장난감을 어떻게 더 좋게 만들 수 있을까요?"

마리엘이 웃으며 대답했어요.

"장난감이 모든 아이들의 목소리에 잘 들을 수 있게 만들어야 겠죠. 그러려면 장난감에게 많은 아이들의 목소리를 들려주어야 해요. 그럼 장난감은 모든 아이들의 목소리에 잘 반응하게 될 거예요. 그렇게 되면 모든 아이들이 같이 재미있게 놀 수 있겠죠?"

그 다음 마리엘은 어떤 인공지능이 어떻게 작동하는지, 왜 그런 선택을 하는지를 명확하게 알려 주는 것에 대해 이야기했어요. 지후가 궁금해하며 물었어요.

"마리엘, 그게 무슨 뜻인가요?"

마리엘은 다시 간단하게 설명해 줬어요.

"쿠키를 만들 때 어떤 재료를 얼마나 넣어야 하는지 알아야 해요. 만든 쿠키를 맛있고 안전하게 먹기 위해서요. 마찬가지로 기계가 어떻게 돌아가는지, 어떻게 정보를 처리하는지 알아야 해요. 그래야 우리가 기계를 믿고 사용할 수 있죠."

마리엘은 마지막으로 중요한 사항을 강조했어요.

"인공지능이 잘못된 결정을 내린다면, 이를 만든 사람이나 회사, 사용하는 사람, 그리고 관리하는 사람 모두 책임을 지게 될 수 있어요."

수지는 집중하며 물었어요.

"만약 인공지능이 잘못된 결정을 내리면 어떤 일이 벌어질까요?"

"예를 들어, 인공지능이 잘못된 의료 진단을 내린다면, 이로 인해 환자가 필요한 치료를 받지 못하거나 잘못된 치료를 받게 될 수 있어요. 또 인공지능이 운전하는 자동차가 잘못된 운전 판단을 하게 되면, 교통사고가 발생할 수 있죠. 이런 문제들이 생기면 사람들이 인공지능을 믿을 수 없게 되고, 인공지능이 대한 불신감이 커지게 될 수 있어요."

"인공지능이 잘못을 저질렀을 때 누가 책임지나요?"

지후가 깊이 생각하면서 물었어요.

"인공지능을 만드는 사람들과 회사는 그 문제를 고쳐야 하고, 사용자들은 기계의 선택을 신중히 생각해야 해요. 그리고 정부와 관리하는 사람들은 기계를 제대로 사용하도록 도와주는 규칙을 만들어야 해요."

지후가 마지막으로 물었어요.

"마리엘, 미래의 인공지능은 어떻게 변할까요? 우리가 기대해야 할 것은 무엇인가요?"

마리엘이 웃으며 대답했어요.

"인공지능은 매우 똑똑해질 거에요. 상상하기 어려운 새로운 발전이 있을 것이고, 그런 변화가 우리의 생활을 더욱 쉽게 만들어줄 거에요. 하지만 그 모든 것을 즐기는 동시에, 기계의 사용에 대해 계속 생각해야 한다는 걸 잊지 말아야 해요. 인공지능이 어떻게 세상을 더 좋게 만드는 데 도움이 될 수 있는지 생각해 봐요. 그리고 그 생각을 함께 나눠 봐요."

수지와 지후는 각자 생각을 나눴어요.

"그럼, 우리가 만드는 인공지능이 환경과 지구를 돌보는 일도 할 수 있다면 좋겠어요."

"인공지능이 우리에게 딱 맞는 학습 경험을 만들어 준다면 좋을 것 같아요!"

마리엘은 그들의 생각에 대해 칭찬했어요.

"잘 생각했어요! 우리는 인공지능이 무슨 일을 할 수 있는지 계속 찾아봐야 해요. 이 세상을 더 좋게 만들기 위해서, 인공지능이 어떻게 더 나아질 수 있는지 함께 생각해 봐요. 이걸 잊지 말아요!"

"마리엘, 인공지능에 대해 많이 알려 줘서 고마워요."

수지는 이별의 시간이 다가오는 것을 알고 조금 슬퍼졌어요.

"고마워요, 마리엘이 가르쳐 준 것들을 잊지 않고, 인공지능을 책임있게 사용할 것을 약속할게요."

지후는 확실하게 말했어요.

"여러분과 함께하는 시간이 정말로 행복했어요. 큰 힘에는 큰 책임이 따른다는 걸 기억해야 해요. 인공지능을 더 알아가고 이해할 수록, 오늘 배운 중요한 가치를 잊지 않았으면 좋겠어요. 인공지능을 이용해서 더 좋은, 더 정의로운, 더 평등한 세상을 만들기 위해 노력해 주세요."

마리엘이 말을 마치자 서서히 사라졌어요. 창고에는 수지와 지후만 남았어요.

인공지능 안전

인공지능은 많은 영역에서 사용되고 있습니다. 그 중에서도 중요한 결정을 내리거나 사람의 생명과 안전에 직접적인 영향을 미치는 분야에서는 특히 안전이 중요합니다.

인공지능 안전을 보장하기 위해 어떤 일을 해야 하는지 알아볼까요?

1. 로봇과 인공지능을 만드는 엔지니어와 과학자들은 인공지능이 안전하게 규칙을 따르도록 하는 방법에 대해 생각합니다.
2. 인공지능에게 올바른 것과 잘못된 것을 이해하도록 가르쳐서, 어떻게 좋은 결정을 내리고 해를 끼치지 않을 수 있는지 알게 합니다.
3. 인공지능이 실수에서 배우고 시간이 지남에 따라 더 나아질 수 있도록 합니다. 이것은 새로운 것을 배울 때와 같은 방식이에요.
4. 인공지능을 다양한 상황에서 테스트하여 안전하고 예기치 않은 문제에 대처할 수 있는지 확인합니다.
5. 필요한 경우 업데이트하여, 새로운 것을 배우고 세상이 변화하는 동안 계속해서 안전하고 도움이 되도록 합니다.

인공지능을 사용할 때는 제대로 알고 있어야 하고, 항상 조심해야 합니다. 이렇게 안전한 인공지능을 개발하고 사용하면 우리의 일상이 더 편리하고 안전해질 것입니다.

개인 정보 보호 =Privacy

인공지능 시스템에서 개인 정보 보호가 중요한 이유를 살펴볼까요?

1. 인공지능 시스템은 때때로 여러분의 개인 정보를 사용해야 합니다. 예를 들어, 온라인에서 친구를 찾거나 좋아할 만한 게임을 추천하는 것과 같은 일을 도와주기 위해 이름, 나이, 거주지 등의 정보가 필요할 수 있습니다.

2. 여러분이 낯선 사람들이 자신에 대해 모든 것을 알길 원하지 않는 것처럼, 인공지능 시스템이 여러분의 개인 정보를 안전하게 보호하는 방식으로만 사용하는 것이 중요합니다.

3. 인공지능 시스템을 만드는 엔지니어와 과학자들은 여러분의 정보가 사적인 상태로 유지되고 잘못된 사람들에게 공유되지 않게 하는 규칙을 따르도록 합니다. 여러분이 원하지 않는 비밀을 다른 사람들과 공유하는 것과 같은 일에는 사용되지 않도록 합니다.

개인정보 보호에 대한 우려는 인공지능 시스템이 여러분의 비밀 보물 상자를 보호하는 것처럼 개인 정보를 보호하도록 하는 것에 대한 것입니다. 개인 정보 보호에 중점을 두면 인공지능이 우리에게 제공하는 놀라운 일들을 즐길 수 있으면서도 개인 정보가 안전하게 보호되는 것을 보장할 수 있습니다.

공정한 인공지능 시스템

인공지능 시스템도 사람들을 공평하게 대하고 편견 없이 다루어야 합니다. 이것은 인공지능 시스템이 성별, 인종, 나이, 문화와 같은 차이에 상관 없이 모든 사람에게 정의롭게 서비스를 제공해야 함을 뜻합니다.

모두에게 공정하게 대응하는 인공지능 시스템이 어떻게 작동하는지 살펴볼까요?

1. 인공지능 개발자들은 편견 없는 데이터를 사용하여 인공지능 모델을 학습시킵니다. 이 데이터는 다양한 배경과 특징을 가진 사람들에게서 수집된 정보를 포함해야 합니다.
2. 개발자들은 인공지능 시스템이 특정 그룹을 우대하거나 불리하게 대하지 않도록 고려해서 설계합니다. 이는 시스템이 모든 사용자에게 일관되고 공정한 서비스를 제공할 수 있도록 도와줍니다.
3. 인공지능 시스템은 테스트를 통해 편향이 없는지 확인합니다. 이 테스트는 다양한 그룹의 사람들로부터 얻은 피드백을 포함할 수 있습니다.
4. 인공지능 시스템은 사용자로부터의 피드백을 수용하고 개선해 나가며, 더욱 공평하고 편향이 없는 서비스를 제공하기 위해 지속적으로 노력합니다.

모두에게 공정하게 대응하는 인공지능 시스템을 구축함으로써, 우리는 인공지능의 놀라운 기능을 즐기면서 동시에 모든 사람이 차별받지 않는 세상을 만들어갈 수 있습니다. 공평한 인공지능 시스템을 만들기 위해 개발자들은 다음과 같은 방법을 사용할 수 있습니다.

1. 인공지능의 알고리즘을 설명 가능하도록 만들어서 어떻게 결정이 내려지는지 이해할 수 있게 합니다. 이렇게 하면 사용자들이 시스템의 공정성에 대해 더 확신할 수 있으며, 필요한 경우 조정을 요구할 수 있습니다.
2. 개발자들은 시스템의 결과를 지속적으로 모니터링하여 편향이 발생한 경우 수정할 수 있도록 합니다. 이는 시스템이 시간이 지나면서도 공평하게 작동하는지 확인하는 데 도움이 됩니다.
3. 인공지능 시스템 개발 프로세스에 다양한 배경을 가진 사람들을 포함하여 다양한 의견과 시각을 고려할 수 있도록 합니다. 이를 통해 시스템이 더욱 공평하게 설계되고 구현될 수 있습니다.

편향 없이 모두에게 공정하게 대응하는 인공지능 시스템을 만드는 것은 인공지능 산업의 중요한 목표입니다. 인공지능이 우리의 일상생활에 더욱 유용하게 적용되면서, 동시에 모든 사람이 동등한 기회를 누릴 수 있는 사회를 만드는데 기여할 수 있기 때문입니다.

진짜 모험의 시작

"손님이 오기 전에 기계부터 살펴볼까."

저 멀리서 교장 선생님의 목소리가 들렸어요. 수지와 지후는 얼른 창고 문을 열고 컴퓨터실로 나왔어요.

"컴퓨터 선생님, 여기 문 좀 열어 주세요."

컴퓨터 선생님이 열쇠를 찾느라 분주한 사이, 교장 선생님이 창고 문을 살짝 흔들었어요. 그러자 문이 활짝 열렸어요.

"어머, 이상한 일이네요. 여기 문은 열쇠로 열어도 잘 열리지 않았는데요."

교장 선생님은 못마땅한 얼굴을 하고서 컴퓨터 선생님을 향해 헛기침을 했어요. 컴퓨터 선생님은 머리를 긁적였지요. 수지와 지후는 그 사이에 컴퓨터 앞에 앉아 얌전히 자료를 찾는 척 했어요.

"아, 여기 있군!"

교장 선생님이 기계를 발견하고는 활짝 웃었어요. 가득 쌓인 먼지 때문에 기침을 몇 번 했지요.

"곧 손님이 기계를 보러 올 테니까 먼지 좀 털어 주세요. 창고도 좀 청소하고요!"

컴퓨터 선생님이 고개를 끄덕이자 교장 선생님은 저벅저벅 컴퓨터실을 나갔어요. 수지와 지후는 얼른 고개를 숙여 얼굴을 숨겼어요.

"다행히 우리 안 들킨 것 같아."

수지와 지후가 말하는 사이, 교장 선생님이 손님을 데리고 왔어요. 손님은 커다란 모자를 쓰고 있었는데, 목소리가 맑고 명랑했어요.

"안녕하세요, 교장 선생님. 신기한 기계가 있다고 해서 몹시 궁금하군요."

"어서 오세요. 여기 '판타시티'가 있으니 살펴 보시지요."

"네, 감사합니다. 혹시 이 기계가 있다는 걸 다른 사람들도 알고 있나요?"

"저랑 컴퓨터 선생님만 알고 있습니다. 이 기계만 있으면 모든 게 바뀐다고 하여 비밀스럽게 보관하고 있었지요."

"선생님은 무엇이 바뀌면 좋겠다고 생각하시나요?"

교장 선생님은 꿀꺽 침을 삼키며 말했어요. 그리고 곧 황홀한 표정을 지으며 말했어요.

"아, 그거야. 우리 학교가 여러 면에서 1등을 해서 이름이 높아지는 게 아니겠습니까? 아이들은 선생님 말을 잘 듣고, 예의 바르고 공부 잘 하고 말이지요. 또 아주 창의적인 인재들이 자라나서 우리 사회에 이바지했으면 좋겠고요. 또……."

"그렇군요. 이 기계가 교장 선생님의 꿈을 도와줄 수 있을 것 같네요."

교장 선생님이 침을 튀기며 말하는 사이, 손님은 웃으며 모자를 쓱 들어 올렸어요. 그런데 모자 아래에 마리엘이 있는 게 아니겠어요?

"히익! 어떻게 마리엘이 나타났지?"

지후가 깜짝 놀라 빽 소리를 질렀어요. 그때, 손님과 지후, 수지는 눈이 마주쳤죠.

"너, 너희들! 또 말썽을 피우려는 거야?"

교장 선생님이 콧김을 씩씩거리며 수지와 지후에게 다가왔어요. 그때, 손님이 교장 선생님을 막았어요. 그리고 지후와 수지에게 찡긋, 윙크를 했지요.

"저는 AI 에이전트로 학교에 발령받은 마리엘이에요. 교장 선생님, '판타시티'는 창고에서 비밀스럽게 보관하면 안 되는 기계예요. 이건 우리 모두의 생활을 바꿀 기계거든요. 학교 로비에 두고 누구나 사용할 수 있게 하는 것이 좋겠어요."

그러고는 지후와 수지에게 다가가 말했어요.

"지후, 수지. 여러분이 '판타시티'의 안내자가 되어 친구들에게 판타시티를 소개해 주세요."

수지와 지후는 마리엘의 말을 듣고 눈빛이 반짝였어요. 그리고 서로를 바라보며 고개를 끄덕였죠.

"저희가 친구들에게 판타시티를 소개해 줄게요. 여러분, 지금부터 놀라운 여행이 시작될 거예요!"

둘은 버튼을 힘껏 눌렀어요. 그러자 신비로운 판타시티가 눈앞에 펼쳐졌어요. 교장 선생님과 컴퓨터 선생님, 그리고 다른 친구들의 눈이 동그래졌어요.

"판타시티에 오신 여러분, 환영합니다!"

용어 찾기

용어	뜻	페이지
인공지능 AI, Artifitial Inteligent	컴퓨터가 사람처럼 생각하고 행동할 수 있게 하는 기술. 학습, 추론, 지각, 자연 언어의 이해 능력 등이 포함된다.	16
인공 신경망 ANN, Artificial Neural Network	인공 신경으로 이루어진 네트워크 구조를 띄는 기계 학습 모델.	16
뉴런 neuron	신경 세포를 뜻하는 말.	16
기계 학습 ML, Machine Learning	인공지능이 여러 데이터를 가지고 스스로 공부하도록 하는 방법.	16
데이터 Data	인공지능이 이해할 수 있는 문자, 숫자, 소리, 그림 등의 형태로 된 정보.	16
딥러닝 Deep learning	깊이가 충분히 깊은 인공 신경망을 이용하는 기계 학습 방법.	16
알고리즘 Algorithm	문제를 해결하기 위해 정해진 일련의 절차.	19
지도 학습 Supervised learning	기계 학습 중 인공지능에게 정답과 정답이 아닌 것을 알려주는 방법.	23
비지도 학습 Unsupervised learning	기계 학습 중 인공지능에게 정답을 알려 주지 않고, 규칙을 스스로 찾도록 하는 방법.	23
강화 학습 Reinforcement learning	기계 학습 중 특정 환경 내 에이전트가 현재 상태를 인식하여, 선택 가능한 행동 중 보상을 최대화하는 행동을 하도록 학습하는 방법.	23
인공지능 에이전트 Artificial Intelligent agent	인공지능 기술이 적용되어 사용자를 도울 목적으로 사람과 직접 만나고 소통하는 프로그램.	25
자연어 natural language	컴퓨터에서 사용하는 프로그램 작성 언어 또는 기계어와 구분하기 위해 사람이 일상생활에서 의사소통을 위해 사용하는 언어를 가리키는 말.	48
자연어 처리 NLP, Natural Language Processing	컴퓨터를 이용해 사람의 자연어를 인공지능이 이해하고 처리하는 기술. 정보 검색, 기계 번역, 질의응답 등 다양한 분야에 응용된다.	48
컴퓨터 비전 CV, Computer Vision	사람이나 동물 시각 체계의 기능을 컴퓨터로 구현하는 것. 주로 사진이나 동영상 같은 2차원 이미지에서 정보를 추출하는 컴퓨터 기술을 연구한다.	48

용어	설명	쪽
드론 Drone	조종사가 직접 탑승하지 않고 원거리에서 무선으로 원격 조정이 가능하거나, 입력된 프로그램에 따라 비행이 가능한 비행체.	54
챗봇 Chatbot	문자 또는 음성으로 대화하는 기능이 있는 컴퓨터 프로그램 또는 인공지능.	65
GPT Generative Pre-trained Transformer	미리 학습된 내용을 바탕으로 자연어 문장을 생성하는 인공지능 모델.	75
텍스트 트랜스포머 T2T, Text Transformer	단어나 문장과 같은 입력 데이터에서 중요한 정보를 추출하고 맥락과 의미를 학습하는 딥러닝 모델.	76
셀프 어텐션 Self-Attention	문장 속 단어들이 서로 어떻게 관련되어 있는지 의미를 찾는 기술.	77
병렬 처리 parallel processing	둘 이상의 장치가 각자 다른 작업을 맡아서 동시에 처리함으로써 처리 속도를 향상시키는 방법.	78
합성곱 신경망 CNN, Convolutional Neural Network	이미지를 분석하는 데 쓰이는 인공 신경망의 한 종류. 사진을 작은 격자로 나누어 각 격자 안의 픽셀들을 분석한다.	89
비전 트랜스포머 ViT, Vision Transformer	이미지를 패치(patch) 단위로 나누고, 각 부분들이 전체적으로 어떻게 연결되어 있는지 분석하는 기술.	90
생성적 적대 신경망 GAN, Generative Adversarial Network	생성자가 이미지를 만들고, 판별자가 이 이미지를 판단하면서 실제와 가까운 이미지, 동영상, 음성 등을 자동으로 만들어 내는 기계 학습 방식의 하나. 서로 경쟁할수록 실제와 매우 비슷한 것을 만들 수 있음.	101
로보틱스 Robotics	로봇(robot)과 메카트로닉스(mecatronics)의 합성어로, 로봇의 설계, 제조 및 운용을 다루는 공학을 말한다. 기계 공학, 전기전자공학, 컴퓨터 과학 등이 포함된다.	111
편향 Bias	한쪽으로 치우친다는 뜻으로, 인공지능 시스템이 현실 세계에서 발견되는 기존의 편향을 증폭시킬 수 있음.	125
인공지능 안전	인공지능 시스템이 모두에게 도움이 되고 친절하며 안전하게 만들어지도록 하는 것.	131

나의 첫 인공지능 입문서
AI 판타시티

글 박다솜, 김상수, ChatGPT | **그림** 이난

펴낸날 2023년 10월 20일 초판 1쇄

펴낸이 김상수 | **기획·편집** 이성령 | **디자인** 문정선 | **영업·마케팅** 황형석, 오정훈

펴낸곳 루크하우스 | **주소** 서울시 서초구 사임당로 50 해양빌딩 504호
전화 02)468-5057 | **팩스** 02)468-5051 | **출판등록** 2010년 12월 15일 제2020-203호
www.lukhouse.com cafe.naver.com/lukhouse

ISBN 979-11-5568-573-0 73500

ⓒ (주)루크하우스 2023
저작권자의 동의 없이 무단 복제 및 전재를 금합니다.

*인공지능 용어들은 TTA(한국정보통신기술협회)의 용례를 따랐습니다.
다만 국내에서 이미 굳어진 용어는 익숙한 표기를 썼습니다.
※ 잘못된 책은 구입처에서 바꾸어 드립니다.
※ 값은 뒤표지에 있습니다.

상상의집은 (주)루크하우스의 아동출판 브랜드입니다.